Genre et religion : des rapports épineux

Genre et développement. Éclairages

Direction scientifique : Christine Verschuur

La collection « Genre et développement. Éclairages », publiée à l'initiative du Pôle genre et développement de l'Institut de hautes études internationales et du développement (IHEID) de Genève, vise à approfondir certaines questions liées au genre et au développement en apportant des informations, des analyses, des arguments, en fournissant des précisions pour éclairer les débats et les rendre moins troubles, plus intelligibles. Chacun des livres de la collection, écrit par des spécialistes de la thématique, contribuera à mieux faire connaître le genre comme outil nécessaire d'analyse pour le changement social.

5-7, rue de l'Ecole-Polytechnique, 75005 Paris

http://www.harmattan.fr
diffusion.harmattan@wanadoo.fr
harmattan1@wanadoo.fr

ISBN : 978-2-343-07913-4
EAN : 9782343079134

Ana AMUCHÁSTEGUI, Edith FLORES et Evelyn ALDAZ
Jacqueline HEINEN
Christine VERSCHUUR

Genre et religion : des rapports épineux

Illustration à partir des débats sur l'avortement

Genre et développement
ÉCLAIRAGES

N°1 2015

L'Harmattan

Responsable de la publication
Christine Verschuur, Institut de hautes études internationales et du développement (IHEID), Programme genre, globalisation et changements (PGGC)

Coordination éditoriale
Emmanuelle Chauvet, IHEID

Relecture
Aurélie Cailleaud, Emmanuelle Chauvet

Mise en pages
Atelier Françoise Ujhazi, Genève

Couverture
Anonyme, Ventana Cubana

Collaboration
EFI : 2 rue de la Tannerie, 1227 Carouge (Suisse)

Financement
Direction du développement et de la coopération suisse (DDC)
Institut de hautes études internationales et du développement

Contact
Institut de hautes études internationales et du développement /
Pôle genre et développement
Chemin Eugène-Rigot, 2 ; Case postale 136
1211 Genève 21 (Suisse)
http://graduateinstitute.ch/genre

Sommaire

Des éclairages nécessaires en études de genre et de développement

Christine Verschuur

Dans les études de développement, le genre occupe un espace grandissant, foisonnant, dans lequel il peut être difficile de se retrouver. Le champ des études féministes qui s'est construit depuis plus d'un siècle s'est considérablement enrichi ces dernières décennies. Un champ de connaissances en genre et développement a été construit par des chercheures, des organisations féministes, des mouvements de femmes. Des organisations de recherche, de coopération internationale ou bilatérale, des fondations, ont soutenu le recueil de données, d'informations, les évaluations ou la réalisation de programmes de recherches. Le concept de genre a permis de revisiter les études et pratiques du développement en s'appuyant sur un grand nombre de recherches, d'études de cas, de données, des théorisations, des analyses.

Cependant, malgré son étendue et ses apports aux études de développement, ce champ des études genre et développement n'est pas toujours assez connu, voire reconnu. L'utilité du genre comme catégorie d'analyse est parfois encore réfutée, pour diverses raisons.

Les résistances antiféministes ne sont pas un phénomène nouveau (Bard 1999). Nous sommes parfois confronté-es à des prises de positions enflammées autour des questions de genre.

Il n'est pas rare que ces débats omettent complètement de faire référence à la riche littérature qui existe dans ce domaine. Les controverses sur ladite « théorie du genre » ont ainsi habilement joué de la confusion avec le « trouble dans le genre » (Butler 2005) et pu brouiller les pistes en détournant le genre de son sens, avec une mauvaise foi criante. Dans les études féministes, les théories, cet « ensemble relativement organisé d'idées, de concepts se rapportant à un domaine déterminé » (selon la définition du Larousse) sont certes multiples mais fondées. Elles sont traversées de courants, d'approches diverses, de voix dissidentes, et apportent ainsi de riches contributions aux discussions théoriques, pratiques et politiques. Mais elles restent souvent dévalorisées, entre autres en raison de leur engagement pour plus de justice sociale, de leur intérêt à reconnaître les savoirs de l'« autre », parce qu'elles veulent faire entendre la voix des groupes marginalisés, contester les rapports hiérarchiques dans la production de connaissances, du fait aussi des liens qu'elles établissent entre théories et pratiques, entre recherche et action, entre privé et public, enfin parce qu'elles accordent une place centrale aux rapports de pouvoir et au politique. Les théories féministes dans les différentes disciplines (l'anthropologie féministe, l'économie féministe), se veulent inclusives, collaboratives, transformatives, et, de ce fait, n'obtiennent souvent pas de grande reconnaissance scientifique.

Il est ainsi toujours nécessaire de continuer à mieux faire comprendre, notamment dans les études de développement où il foisonne, ce concept de genre qui s'appuie sur une longue histoire et a été forgé par des théories féministes, et à apporter des arguments, des informations, des analyses pour vaincre les résistances, démontrer sa valeur heuristique et renouveler la pensée sur le développement (Verschuur, Guérin et Guétat-Bernard 2015).

Cette collection *Éclairages*, publiée à l'initiative du Pôle genre et développement de l'Institut de hautes études internationales et du développement de Genève, a pour objectif de renforcer le travail de diffusion des connaissances dans le champ genre et développement, commencé en l'an 2000 avec la collection *Cahiers genre et développement* (Bisilliat et Verschuur 2000).

De manière brève, chacun des livres de la collection *Éclairages*, écrit par des spécialistes de la thématique, approfondira une question spécifique en apportant des informations, des analyses, des arguments, en fournissant des précisions pour éclairer les débats et les rendre moins troubles, plus intelligibles. Cette collection contribuera à mieux faire connaître le genre comme outil nécessaire d'analyse pour le changement social.

Références bibliographiques

Bard, C. (Dir.). 1999. *Un siècle d'anti-féminisme*. Paris : Fayard.
Bisilliat, J. et C. Verschuur (Dir.). 2000. *Le Genre. Un outil nécessaire. Cahiers genre et développement. N° 1*. Paris : L'Harmattan.
Butler, J. 2005. *Trouble dans le genre*. Paris : La Découverte.
Verschuur, C., I. Guérin et H. Guétat-Bernard (Dir.). 2015. *Sous le développement, le genre*. Paris : Éditions de l'IRD. Collection Objectifs Sud.

Les rapports épineux entre genre et religion

Christine Verschuur

Le premier des livres de la collection *Genre et développement. Éclairages* est l'occasion de publier deux présentations faites lors d'une rencontre scientifique intitulée « Religion et politique : le genre pris au piège ».[1]

Depuis 1994 des colloques en genre et développement sont organisés dans notre institut, lors desquels nous avons abordé différentes thématiques comme les questions urbaines, le développement rural et l'alimentation, les migrations et la nouvelle division internationale du travail, l'économie solidaire, la construction sociale des masculinités, les conflits armés, les mouvements féministes au Sud.

Pourquoi organiser un colloque sur genre et religion, un terrain si mouvant et périlleux ? D'une certaine manière, on trouve

---

1 Cette rencontre scientifique, qui s'est tenue à l'Institut de hautes études internationales et du développement (IHEID) à Genève, était organisée par le Pôle genre et développement de l'IHEID et l'Institut de recherche des Nations unies pour le développement social (UNRISD). L'UNRISD avait à cette occasion présenté un numéro spécial des *Cahiers du Genre* publiant les résultats d'un programme de recherche sur ces questions.

Verschuur, C. 2015. Les rapports épineux entre genre et religion. In *Genre et religion : des rapport épineux. Illustration à partir des débats sur l'avortement. Genre et développement. Éclairages. N° 1.* A. Amuchástegui, E. Flores, E. Aldaz, J. Heinen et C. Verschuur. 11-17. Paris : L'Harmattan.

là la prolongation des questionnements du Programme genre, globalisation et changements de notre Institut. Les mouvements féministes et de femmes sur lesquels nous avons travaillé récemment ont joué un rôle très important dans la formulation et l'expression contestataire des ordres idéologiques, politiques, économiques et sociaux, familiaux et de genre, sur lesquels s'est appuyée la mondialisation du capitalisme au cours du dernier demi-siècle et, sous son couvert, le développement. Ces mouvements féministes ont contesté le recul de l'intervention étatique dans les politiques sociales, la division sexuelle inégale du travail, les inégalités d'accès au pouvoir, mais aussi les interventions des institutions religieuses à l'encontre des droits des femmes, par exemple dans le domaine des droits sexuels et reproductifs ou des droits à l'héritage.

Les mouvements de femmes qui existent depuis longtemps, situés dans de multiples régions du monde, se mobilisent autour d'intérêts divers et peuvent regrouper des femmes indigènes, afro-descendantes, ouvrières, paysannes, des quartiers populaires, bourgeoises, intellectuelles... Évoquons simplement cette organisation d'ouvrières argentines à la fin du XIXe siècle, qui publiait un journal à Buenos Aires en 1896 et avait pour mot d'ordre « Ni Dios, ni patrón, ni marido » : « Ni Dieu, ni patron, ni mari » (*La Voz de la Mujer* 1997). Cette question de la religion interpelle les femmes depuis bien longtemps, et l'on pourrait remonter encore bien plus loin dans l'histoire, comme à l'époque de la lutte contre les sorcières en Europe, ces femmes rebelles envoyées au bûcher par l'Église (Federici 2004).

Si certains mouvements de femmes contestent l'ordre qui les maintient dans une situation subordonnée et reproduit les inégalités – de classe, genre, race –, d'autres se réclament au contraire des valeurs traditionnelles prônées par des institutions religieuses dans leur pays et se mobilisent pour maintenir les politiques qui défendent ces valeurs. Que penser des femmes qui jouent un rôle non négligeable dans le Tea Party aux États-Unis, un espace politique se réclamant des valeurs chrétiennes et défendant les valeurs de la famille traditionnelle ? Que penser des femmes en Inde, très impliquées dans les mouvements fondamentalistes hindous qui ont eu une influence importante pour encourager les violences envers d'autres femmes, musulmanes ? Que penser des partis de gauche en France au début du XXe siècle, qui s'opposaient à l'accès des femmes au droit de vote craignant qu'elles votent comme les curés ? Pourtant, Hubertine Auclert (1848-1914), qui avait âprement lutté pour le droit de vote des femmes, « révoltée contre l'écrasement féminin », et qui a donné au terme féminisme son sens moderne (Riot-Sarcey 2002) était une militante féministe et anti-cléricale.

Voltaire fustigeait les religions. « Tant qu'il y aura des fripons et des imbéciles, il y aura des religions. La nôtre est sans contredit la plus ridicule, la plus absurde, et la plus sanguinaire qui ait jamais infecté le monde ». Religion et passion font bon ménage...

Cependant, on observe aussi des organisations confessionnelles qui cherchent à contribuer à des changements sociaux et à se mobiliser en faveur des plus exclus, y compris les femmes marginalisées. Rappelons par exemple les actions de certaines organisations religieuses, proches de la théologie de la libération en Amérique latine, en appui aux mouvements de paysans sans terre, ou leur soutien aux luttes contre les dictatures dans les années 1970, en opposition à la hiérarchie de l'Église catholique conservatrice. Des organisations liées à des Églises ont pu se mobiliser en faveur des femmes les plus exclues dans les actions de développement, sollicitées par des ONG, par les associations de développement, par des gouvernements, par des mouvements de femmes. Face au désengagement des États, ces organisations religieuses jouent en effet souvent un rôle important, elles interviennent, remplissent ce vide.

Cependant les alliances entre organisations liées à des Églises et institutions de développement, gouvernementales, ou associations locales posent aussi question. Que penser de la manière électoraliste dont sont parfois utilisées ces organisations confessionnelles pour mobiliser leurs réseaux sociaux si importants ? Que penser de l'influence des dignitaires des Églises, comme celle du Vatican, de leur présence très forte auprès des Nations unies ou des gouvernements ? Que penser des interventions de ces organisations religieuses qui ne cherchent pas à transformer les conditions structurelles de reproduction des inégalités, mais dont l'action permet de maintenir les populations dans des situations d'exclusion, ou qui ne s'autorisent pas à prendre position sur des lois qui ont pourtant des conséquences dramatiques pour les femmes, comme celles sur l'avortement ?

L'émancipation des femmes, la défense de leurs droits, le « progrès », ont souvent été associés à la laïcité. D'un autre côté, la religion a souvent été associée à la tradition, au maintien de normes conservatrices qui allaient en défaveur de l'émancipation des femmes. La « modernité » semblait aller de pair avec une privatisation de la religion. Or la religion occupe une place de plus en plus importante dans l'espace public, et elle est de plus en plus politisée. On voit des mouvements fondamentalistes dans toutes les religions – dans le christianisme, dans l'islam, dans le judaïsme, dans l'hindouisme –, et cela ne peut que nous interpeller.

Comment expliquer que la religion soit invoquée de manière récurrente lorsqu'on parle des droits des femmes ? Le pouvoir d'interprétation du genre comme principe d'ordonnancement du monde permet d'interroger les croyances religieuses comme systèmes d'interprétation du monde, de réglementation de la vie. Il ne s'agit ni d'essentialiser « la » femme, ni « un » mouvement de femmes, ni « une » religion ou croyance (Rochefort et Sanna 2013). Le terrain de la religion est mouvant, traversé par des tensions idéologiques, sociales et politiques. Par ailleurs, la religion s'insère dans des contextes particuliers, en interaction avec ces situations.

Les rapports entre religion et genre se situent par ailleurs sur un terrain périlleux où certaines religions sont associées à des cultures ou à des groupes dans lesquelles les droits des femmes sont supposés être plus bafoués que dans d'autres. « Chez nous les femmes sont libres ! » lançait le président Sarkozy durant sa campagne présidentielle ; évidemment, car ailleurs il y a des mariages forcés, le hijab, la burqa, les mutilations, etc., alors que chez nous tout va bien ! Cette rhétorique s'applique tant à l'intérieur qu'à l'extérieur des frontières, au Maghreb ou dans les banlieues. Les « autres » apparaissent comme prisonniers d'une culture confondue avec une religion.

Le regard condescendant porté sur les « autres » qui n'auraient pas de capacité d'action, pas de capacité de penser, qui seraient plus traditionnelles, impuissantes, un regard que Chandra Mohanty (2010) et d'autres ont déjà dénoncé, refait surface dans ces débats sur genre et religion. Les récentes révolutions arabes ont bousculé cette vision, avec d'un côté les Occidentaux qui protégeaient les dictatures arabes, de l'autre les femmes si actives dans les bouleversements. Jusqu'à quel point les gouvernements occidentaux qui protégeaient les dictatures arabes défendaient-ils les droits des femmes et les organisations de femmes ?

Certains, comme Éric Fassin, parlent de « conflit sexuel de civilisations », la cible dans ce conflit étant en particulier l'islam. Les droits des femmes sont parfois invoqués pour défendre des objectifs politiques, par exemple dans la lutte contre l'immigration. En Suisse, des affiches politiques du parti de la droite extrême en campagne contre la construction de minarets en Suisse ont montré l'image d'une femme entièrement voilée, censée représenter l'immigration ; les interventions militaires en Afghanistan n'étaient-elles pas en partie justifiée par la nécessité de défendre les droits des femmes emprisonnées dans leur burqa ? Trop souvent, les droits des femmes sont instrumentalisés pour des objectifs politiques bien différents.

> Loin de rester confinées à la sphère privée, les questions sexuelles sont de plus en plus soumises aux mêmes exigences politiques que toutes les autres questions de société, qu'il s'agisse du travail ou de l'impôt, de l'immigration ou de l'éducation : on interroge toujours davantage les normes de genre et de sexualité au nom des mêmes valeurs de liberté et d'égalité. [...] Si les questions sexuelles, en se révélant politiques, apparaissent de moins en moins naturelles, ce n'est pas le seul contenu des normes qui s'en trouve affecté. La dénaturalisation du genre et de la sexualité qui accompagne la démocratisation transforme aussi le statut même des normes, c'est-à-dire la manière dont elles s'imposent à nous. (Fassin 2006, 125)

Si la religion est une force politique, le pouvoir de la religion se situe aussi hors du champ politique. Il passe par la diffusion de symboles, de normes, d'idées, et il va bien au-delà d'un système ou d'une institution religieuse ; il est donc beaucoup plus difficile aussi à questionner. Dans leur travail de réinterprétation des textes, les mouvements s'inspirant des théologies féministes de libération en Amérique latine, ou des théologies féministes islamiques, développent-ils des stratégies qui permettraient de contester des normes, d'appuyer l'introduction de réformes législatives ? Comment les organisations féministes et religieuses interagissent-elles autour des droits des femmes ?

Cela nous permet d'introduire les textes que nous avons choisis pour ce premier numéro de la collection *Éclairages* qui traite d'une question sensible dans deux pays d'influence catholique, la Pologne et le Mexique : celle de l'avortement. L'actualité montre que cette question revient régulièrement dans les débats politiques, dans divers pays, montrant combien les droits à l'avortement constituent une lutte pour un résultat qui n'est jamais acquis. Ils sont une illustration des rapports épineux entre religion et genre.

Ces textes, dans une démarche que nous appelons décoloniale (Verschuur, Destremeau 2012) répondent à l'exigence de prendre en compte les points de vue des autres, sans pour autant déserter le terrain des luttes sociales réelles, et partent d'une perspective qui s'intéresse au lieu spécifique à partir duquel les femmes prennent la parole dans les luttes sociales.

Les regards croisés sur religion et genre se posent sur un terrain terriblement mouvant. Nous n'épuiserons bien évidemment pas cet immense sujet, mais porterons simplement un éclairage sur ces rapports épineux dans deux contextes particuliers, qui permettront d'en éclairer d'autres.

Références bibliographiques

Fassin, E. 2006. La démocratie sexuelle et le conflit des civilisations. *Multitudes*. 26 : 123-131.

—. 2012. Pour un féminisme sans orientalisme. Le « printemps arabe » rebat les cartes. Le Monde. 10 mars.

Federici, S. 2004. *Caliban and the Witch*. Autonomedia.

La Voz de la Mujer [1896-1897], Periodico comunista-anárquico. 1997. Introduction de Maxine Molyneux. 12-39. Buenos Aires : Universidad Nacional de Quilmes.

Mohanty, C. T. 2010. Sous les yeux de l'Occident. Recherches féministes et discours coloniaux. In *Genre, postcolonialisme et diversité des mouvements de femmes. Cahiers genre et développement. N° 7*. (Dir.) C. Verschuur. 171-202. Paris : L'Harmattan.

Riot-Sarcey, M. 2002. *Histoire du féminisme*. Paris : La Découverte. Collection Repères.

Rochefort, F. et Sanna, M.-E. (Dir.). 2013. *Normes religieuses et genre. Mutations, résistances et reconfiguration XIXe-XXIe siècle*. Paris : Armand Colin. Collection Recherches.

Verschuur C. et B. Destremau. 2012. Féminismes décoloniaux, genre et développement. *Revue Tiers Monde*. 209 : 7-18.

Religion, genre et discours social dans le débat sur la légalisation de l'avortement au Mexique

Ana Amucháistegui*, Edith Flores et Evelyn Aldaz*****

Ces vingt dernières années, un grand débat de société sur les droits sexuels et reproductifs des femmes a agité la société mexicaine[1]. Si des politiques de population ont été mises en place dès 1974[2], les capacités reproductives des femmes considérées comme sujets de droits n'ont été abordées dans le débat

* Enseignante-chercheure à l'Universidad Autónoma Metropolitana Xochimilco au Mexique et membre du groupe « Subjectivité, sexualité et politique ».

** Enseignante-chercheure à l'Universidad Autónoma Metropolitana Xochimilco au Mexique et membre du groupe « Subjectivité, sexualité et politique ».

*** Chercheure au sein de l'organisation Católicas por el Derecho a Decidir – Mexico (Catholiques pour le droit à décider).

1 Certaines idées présentées dans ce texte ont été préalablement débattues dans Amucháistegui, Cruz, Aldaz et Mejía (2010).

2 La première Loi générale relative à la population a été adoptée par le Congrès en 1974, lorsque l'État a pris en charge les services de santé sous la dénomination de « planning familial ». Avant cette réforme, l'utilisation, la distribution et la vente de contraceptifs étaient illégales.

Amucháistegui, A., E. Flores et E. Aldaz. 2015. Religion, genre et discours social dans le débat sur la légalisation de l'avortement au Mexique. In *Genre et religion : des rapports épineux. Illustration à partir des débats sur l'avortement. Genre et développement. Éclairages. N° 1*. A. Amucháistegui, E. Flores, E. Aldaz, J. Heinen et C. Verschuur. 19-53. Paris : L'Harmattan.

public que dans les années 1980. À la suite des conférences du Caire et de Beijing, le gouvernement mexicain, et par conséquent les institutions publiques de santé, ont adopté une perspective de santé reproductive[3]. Mais au-delà, la querelle politique opposant les groupes conservateurs, alliés à la hiérarchie catholique, aux organisations féministes et aux organisations de femmes a perduré autour de sujets tels que la contraception d'urgence et l'avortement.

La lutte en faveur de la légalisation de l'avortement a débuté en 1935, lorsque le Front uni pour les droits de la femme (Frente Unico Pro-Derechos de la Mujer) a exigé que l'avortement « pour raisons sociales et économiques » soit autorisé par le Code pénal. Au cours des décennies suivantes, les groupes de femmes ont plaidé en faveur d'une « maternité libre et volontaire »[4], notion transformée par les militantes féministes de la deuxième vague en une revendication pour la dépénalisation de l'avortement dans les années 1970.

Dans un contexte national et international marqué par de fortes pressions pour une démocratisation politique au Mexique, les féministes mexicaines ont commencé à parler du « droit à l'avortement » comme d'une question de justice sociale, de politique publique et de démocratie (Lamas 2009). Les droits reproductifs des femmes ont progressivement trouvé leur place dans les discours émergents sur la citoyenneté et ont été diffusés par leur intermédiaire. À partir des années 1970, l'avortement en cas de viol[5] a progressivement été dépénalisé dans tous les codes pénaux du pays.

La lutte pour la dépénalisation de l'avortement au Mexique s'inscrit dans un processus plus vaste visant à la reconnaissance des droits reproductifs des femmes en Amérique latine et aux

---

3 Pour une description de cette approche, voir Secretaría de Salud (2001).

4 Cette approche établissait quatre conditions nécessaires à cette maternité libre et volontaire, que l'État devrait encourager et garantir : l'éducation sexuelle, l'accès aux méthodes contraceptives, l'avortement et l'abandon de la stérilisation forcée (Lamas 2000).

5 Pour consulter en détail les différentes législations, État par État, voir GIRE, http://www.gire.org.mx/

Caraïbes. À partir de la fin des années 1980, des organisations féministes ont mené des campagnes pour revendiquer un accès à des services d'avortement sûrs et légaux et pour des lois moins restrictives. Bien que la loi punisse cette pratique dans la plupart des pays de la région, d'importantes avancées ont été constatées, comme la dépénalisation de l'avortement dans certaines situations en Colombie (2006) et la récente légalisation de l'avortement avant la douzième semaine de grossesse en Uruguay (2012)[6].

En Amérique latine, les groupes conservateurs, pour la plupart liés à la hiérarchie catholique, ont eux aussi intensifié leurs actions militantes au cours des dernières décennies et développé de nouvelles formes d'organisation et des stratégies de lobbying plus politiques que religieuses. Ces dernières ont permis de limiter et parfois même d'annuler les avancées obtenues en matière de droits reproductifs, par exemple dans des pays d'Amérique centrale comme le Nicaragua, la République dominicaine et le Salvador, dont les législations sur l'avortement ont marqué des régressions jusqu'à l'interdiction totale. Au Mexique, depuis les années 1980, les fonctionnaires gouvernementaux, les membres des partis politiques, les mouvements sociaux et les dignitaires de l'Église catholique se sont approprié le thème de l'autonomie sexuelle et reproductive des femmes, son sens et sa portée. La question a ainsi fait l'objet d'une intense bataille politique révélant différentes stratégies de biopouvoir[7] qui s'affrontent pour le contrôle des corps des

[6] L'Uruguay dispose d'une loi restrictive qui exige entre autres que la femme qui désire avorter rencontre une équipe interdisciplinaire pour faire part de ses motivations. Suite à cet entretien, elle dispose de cinq jours de « réflexion » avant de pouvoir accéder à l'intervention (Código Penal. República Oriental de Uruguay 2013).

[7] Foucault décrit le biopouvoir comme « la multiplication de techniques diverses et nombreuses pour obtenir l'assujettissement des corps et le contrôle des populations » (1981, 169). Il situe historiquement ce processus dans l'Europe du XVIIIe siècle, lorsque le concept de « population » surgit conjointement au développement capitaliste des États-nations modernes. En ce sens, même si la question du biopouvoir avait été largement diffusée dans le Mexique des années 1970, c'est au cours de ces

femmes. Dans le cadre de ce débat social et politique[8] sans précédent, les femmes mexicaines ont été abreuvées de concepts modernes de droits et de citoyenneté – dont le garant serait l'État laïc – en opposition frontale avec la vision catholique de la maternité.

Au cours des années 2007 et 2008, les débats ont atteint leur paroxysme lorsque l'Assemblée législative du District fédéral de Mexico (ALDF) a légalisé l'avortement dans la capitale[9], modifiant par voie de conséquence la Loi de santé du District fédéral et confiant au Ministère de la santé la responsabilité de garantir la pratique de l'avortement dans les cliniques publiques.

Quelques semaines plus tard, la Commission nationale des droits humains et le Procureur général de la République ont déposé devant la Cour suprême de justice de la nation (SCJN) des recours en inconstitutionnalité[10] contre ce décret. Mais le 28 août 2008, après l'examen public des recours, la Cour suprême a confirmé la constitutionnalité de la loi et autorisé l'avortement jusqu'à la douzième semaine de grossesse dans le District fédéral de Mexico.

---

débats que la nature politique de la reproduction féminine a véritablement été mise en évidence.

8 Selon Mouffe, « [...] le débat démocratique se conçoit comme une confrontation réelle. Les adversaires combattent – parfois férocement –, mais en respectant un ensemble de règles, et leurs positions, bien que finalement irréconciliables, sont acceptées comme des perspectives légitimes » (2005, 52).

9 Au-delà des processus historiques persistants (Amuchástegui, Cruz, Aldaz et Mejía 2010), la conjoncture politique immédiate explique en partie ce qui s'est produit. Le District fédéral était alors gouverné par un parti de gauche, le PRD, soucieux de se différencier de la politique conservatrice du gouvernement fédéral menée par le PAN. Ce parti avait vaincu le PRI en 2000, mettant fin à 71 ans de régime autoritaire, et gouvernait le pays pour un deuxième mandat consécutif.

10 La Constitution politique des États unis mexicains prévoit la possibilité de déposer un recours en inconstitutionnalité, celui-ci ayant pour objectif de déterminer si une loi s'avère contraire à une disposition constitutionnelle. Le recours en inconstitutionnalité ne peut être déposé qu'auprès de la Cour suprême de justice de la nation par un organe de l'État.

Déroutés par leur défaite dans la capitale, les évêques et les autres groupes conservateurs ont cherché à former des alliances avec des gouverneurs et parlementaires du Parti révolutionnaire institutionnel (Partido Revolucionario Institucional, PRI) et du Parti d'action nationale (Partido Acción Nacional, PAN), ainsi qu'avec certains dirigeants du Parti de la révolution démocratique (Partido de la Revolución Democrática, PRD) afin d'éviter que de tels changements puissent se produire dans d'autres États du pays. Le PRI, qui cherchait à revenir au pouvoir après sa défaite électorale de 2000, a alors décidé de soutenir la revendication des groupes conservateurs et, entre 2008 et 2011, seize États de la République ont ainsi vu leur constitution modifiée pour inclure la protection du droit à la vie depuis la conception[11].

Cette légalisation, bien que valide uniquement dans la capitale, a posé un contexte inédit pour les décisions de reproduction des femmes car l'avortement a soudainement cessé d'être un délit pour devenir un droit. Depuis lors, plus de 99 000 interruptions légales de grossesse (*interrupciones legales del embarazo*, ILE) ont été pratiquées dans les cliniques publiques (GIRE 2013). Les femmes qui ont avorté – dans la limite de la période autorisée par la loi – sont donc passées du statut de contrevenantes ou de délinquantes à celui de titulaires d'un droit.

Quels sens les femmes donnent-elles à ce droit nouveau à l'avortement ? Cet article étudie la question en analysant leurs témoignages et en identifiant les différents discours[12] qui s'opposent dans le débat politique sur la légalisation de l'avortement, dans la mesure où ces discours ou « récits dominants

---

[11] Si ces Codes pénaux restent en l'état, les conditions permettant l'avortement restent elles aussi en vigueur. Sur l'ensemble du territoire, les législations locales autorisent l'avortement lorsque la grossesse résulte d'un viol et 31 États l'autorisent en cas de danger pour la vie de la femme.

[12] Lorsque nous faisons référence aux discours ou langages sociaux dans cette analyse, nous nous fondons sur la théorie de la subjectivité et du langage développée par Voloshinov (1986) et Bakhtin (1981), en ceci qu'elle considère que toute langue est constituée par ce qu'elle dénomme « l'hétéroglosie » :

fonctionnent comme des dispositifs d'interprétation qui organisent et communiquent l'expérience» (Bruner 1986). La position des femmes vis-à-vis de la morale catholique, des valeurs démocratiques de liberté et d'accès aux droits ainsi que vis-à-vis des messages véhiculés par les politiques de planning familial s'exprime en une polyphonie (Bakhtin 1981) qui laisse transparaître leurs degrés d'autonomie, d'appropriation ou même leurs critiques face à l'intention subjectivante de ces discours.

Pour observer ces éléments, nous avons exploité les informations émanant de recherches récentes, réalisées entre 2007 et 2011[13], dont les données qualitatives permettent d'analyser ce débat de société sur l'autonomie et les corps des femmes à deux niveaux différents :

- les *débats sociaux et politiques* lors du processus de dépénalisation de l'avortement à Mexico ;
- les témoignages de femmes ayant subi un avortement légal au sein des institutions sanitaires publiques du District fédéral.

Nous avons procédé selon des méthodes différentes et adaptées pour aborder chacun de ces deux axes analytiques :

- Pour étudier les débats sociaux et politiques, nous avons analysé des articles de presse, documents institutionnels et déclarations afin de prendre en compte tous les acteurs poli-

L'hétéroglosie est une perception du langage comme étant idéologiquement saturé et stratifié. Les nombreux langages sociaux qui participent de l'hétéroglosie à un moment spécifique de son existence historique sont tous «des points de vue spécifiques sur le monde, des formes de conceptualisation mises en mots». L'hétéroglosie crée les conditions de possibilité d'une conscience libre. (Morris 1994,16)

13 «Procesos subjetivos de ciudadanía: sexualidad y derechos humanos» et «Cuerpo, subjetividad y ciudadanía: metodologìas para la construcción de sujetos de derechos en el campo de la sexualidad», coordination Ana Amuchástegui et Rodrigo Parrini, Universidad Autónoma Metropolitana – Xochimilco / Grupo de Información sobre Reproducción Elegida (GIRE), avec le soutien de la Fondation Ford. «Politiques, Religion et Égalité des Genres», Catholiques pour le Droit à Décider et UNRISD, financement de la Fondation Heinrich Böll.

tiques impliqués. Une fois cette revue effectuée, nous avons procédé à 13 entretiens approfondis avec des membres du clergé, de partis politiques, d'organisations civiles et avec des fonctionnaires gouvernementaux[14]. Ces conversations ont permis de mettre en exergue les positions et les modes de participation de nos interlocuteurs-trices aux débats sur la dépénalisation.

- Pour étudier l'expérience de l'interruption légale de grossesse (ILE) du point de vue des femmes, nous avons réalisé des entretiens approfondis avec 24 utilisatrices des services d'avortement des cliniques du secteur public en 2008 et 2009[15]. Notre objectif était de saisir le sens que ces femmes ont construit autour de ce processus et de l'expérience de l'interruption légale de grossesse dans un contexte de dépénalisation récente.

Conditions nécessaires à la dépénalisation de l'avortement : démocratisation et mouvements sociaux

L'événement historique que représente la légalisation de l'avortement à Mexico ne peut être compris que replacé dans une série de processus sociaux et politiques de plus longue durée. En premier lieu, la revendication de démocratisation politique du pays, après sept décennies pendant lesquelles le pays avait été gouverné par le PRI – la « dictature parfaite », selon Vargas Llosa (*El País* 1990) – a créé un bouillon de culture qui a permis l'avancée de discours et de pratiques de la « citoyenneté », lesquels ont été repris et partagés par divers groupes féministes dans le combat pour la défense des droits des femmes.

14 Pour des informations détaillées sur les personnes interrogées, voir l'encadré 1.

15 Les femmes interrogées avaient entre 18 et 36 ans et vivaient dans la ville de Mexico (exception faite de deux femmes venues de province). L'encadré 2 présente leurs caractéristiques sociodémographiques.

Par ailleurs, la laïcité de l'État mexicain (consacrée par la loi depuis 1865) s'est vue altérée par la réforme de 2002 qui a octroyé une reconnaissance juridique aux associations religieuses, autorisé les manifestations religieuses publiques et rétabli les relations diplomatiques avec le Vatican. Dès lors, la hiérarchie catholique a commencé à participer plus ouvertement à la vie publique et politique du pays, plus particulièrement dans les domaines susceptibles de remettre en cause la morale sexuelle catholique, comme les droits sexuels et reproductifs des femmes.

La création, à la même époque, du parti de gauche, le PRD (Parti de la révolution démocratique), a été un élément fondamental pour la défense des droits des femmes dans les champs de la politique et du droit. Pour la première fois dans l'histoire, le mouvement féministe s'est trouvé dans un contexte politique favorable à des avancées légales en matière d'avortement, ce qui a permis de progressivement assouplir les conditions dans lesquelles l'avortement était autorisé dans la capitale[16] (Lamas 2011, 193).

Au terme du premier sextennat paniste (2000-2006), un conflit important a éclaté quand la victoire du candidat du PAN sur celui de la gauche (PRD) a été contestée. Dans ce climat pourtant houleux, le PRD a largement remporté l'élection à Mexico. Cette victoire n'a fait que renforcer l'antagonisme politique entre les deux partis, et, par voie de conséquence, entre le gouvernement fédéral et le gouvernement de la capitale, antagonisme qui a joué en faveur de l'adoption de la réforme de la loi sur l'avortement. L'initiative visant à dépénaliser l'avortement a

[16] En l'an 2000, le gouvernement, avec à sa tête Rosario Robles au poste de cheffe intérimaire, a fait reconnaître par le Code pénal les motifs suivants pour la dépénalisation de l'avortement : la malformation du fœtus, les risques pour la santé de la femme et l'insémination non consentie. Ces motifs sont venus s'ajouter à ceux qui étaient déjà reconnus par la loi : la grossesse résultant d'un viol, la grossesse produit d'une imprudence et le danger pour la vie de la femme. Trois ans plus tard, en 2003, l'ALDF a supprimé le caractère délictueux des motifs d'avortement jusqu'alors reconnus.

été votée par la majorité PRD à l'Assemblée législative du District fédéral (ALDF), ce qui a permis au gouvernement de la capitale de marquer une distance idéologique considérable avec les partis et courants conservateurs du PAN et du PRI.

Cette réforme, fondée sur des valeurs modernes telles que la liberté de conscience et de croyance, l'égalité, le pluralisme et les droits humains, a par ailleurs été rendue possible, au-delà des processus et de la conjoncture politiques évoqués, par la sécularisation croissante de la société mexicaine. Du fait de cette dernière le catholicisme a, dans une certaine mesure, perdu son rôle central dans la culture mexicaine et la morale sexuelle traditionnelle catholique a été relativisée, comme nous le verrons plus loin. La légitimité grandissante du féminisme et de ses revendications d'égalité entre hommes et femmes ainsi que la remise en cause des points de vue essentialistes sur le genre et la sexualité ont également été des éléments-clés de ce processus.

Débat sur les concepts. Débat sur les corps

Nous pouvons identifier, au cœur de ces débats de société, un certain nombre de *points nodaux*[17] qui mettent clairement en lumière le véritable enjeu de ce processus : qui contrôle le corps (reproductif) des femmes ? Dans l'analyse qui va suivre, nous choisissons deux de ces points car ils ont trait aux modalités par lesquelles les femmes ont construit les éléments discursifs qui décrivent leur expérience de l'avortement légal :

---

[17] Nous considérons que les débats analysés ici sont à proprement parler un processus de lutte pour l'hégémonie, au sens où ils constituent un combat politique pour la détermination du sens. « Tout discours – selon Laclau et Mouffe – se constitue comme une tentative de dominer le champ discursif, d'endiguer le flux des différences, de construire un centre. Nous appellerons points nodaux les points discursifs privilégiés de cette détermination partielle » (1985, 112).

- la définition de l'avortement, de la grossesse et de l'embryon : du dogme à la science ?
- l'avortement et le sujet de la décision d'avorter.

La définition de l'avortement, de la grossesse et de l'embryon : du dogme à la science ?

L'un des points nodaux des débats s'articule autour du sens que l'on donne au début de la vie humaine, à l'embryogenèse, à la grossesse elle-même et à l'avortement. Dans ce cas précis, c'est le langage de la science qui a été convoqué par les différents acteurs politiques dans leurs déclarations respectives. Les groupes féministes avaient déjà eu recours au discours scientifique pour défendre le droit des femmes à disposer de leur corps[18]. Mais, fait nouveau, la hiérarchie catholique s'est elle aussi vue contrainte d'utiliser le même discours pour défendre, cette fois, ses propres positions. Ce processus n'a donc pas été une simple confrontation entre le dogme religieux et le langage moderne des droits et de la liberté, mais il a engagé des usages différents – voire opposés – du langage de la *science*. Les porte-parole et alliés de l'Église se sont heurtés à ce paradoxe et ont dû recourir à ce qu'ils ont nommé « la preuve scientifique » pour défendre ce qu'ils considéraient comme une *loi naturelle*.

Ce processus montre un glissement stratégique dans la manière dont les groupes conservateurs présentent leurs arguments sans en changer la signification. Patricia Uribe, ex-directrice du Centre national pour l'équité de genre et de santé reproductive du Ministère de la santé, va dans le même sens lorsqu'elle évoque l'influence de la foi sur les opinions :

[18] María Luisa Sánchez, directrice du GIRE, explique dans un entretien que durant l'intense débat public qu'a provoqué, en 2004, l'intégration de la contraception d'urgence dans la Norme officielle mexicaine des services de planning familial, les organisations de femmes ont laissé le soin aux chercheurs et membres de la communauté médicale de démontrer scientifiquement la nature non abortive de cette méthode, stratégie qui s'avéra des plus efficaces pour contrer les arguments religieux des groupes conservateurs opposés à la réforme.

> Sur des questions aussi controversées que l'avortement et la contraception d'urgence, il est très difficile de mobiliser des arguments scientifiques parce que les gens ont un avis déjà formé sur le sujet et ne sont plus réceptifs [...] La science ne modifie pas le comportement des parlementaires ou des médecins car, dans la majorité des cas, [leurs positions sur ces sujets] sont nourries de préjugés, d'opinions, de croyances et parfois de peurs.

Les groupes conservateurs ont affirmé que l'État devait défendre la vie humaine « dès la fécondation » car, dès cet instant, existerait « une personne dotée de tous ses droits », y compris celui de vivre. En toute logique, pour ces groupes, l'avortement – à n'importe quel stade de la grossesse – est un assassinat, quels que soient les causes, conflits ou circonstances qui conduisent les femmes à prendre cette décision. Dès l'ouverture des débats, l'Archidiocèse de Mexico a fait pression sur les parlementaires de l'ALDF, les menaçant d'excommunication s'ils venaient à soutenir le projet de dépénalisation de l'avortement. Mais la hiérarchie catholique n'a pas été la seule à adopter cette stratégie. Le PAN, historiquement peu ancré dans la capitale du pays, a signifié par la voix de l'un de ses leaders, Carlos Abascal Carranza, qu'il bataillerait ferme pour empêcher que soit votée « une loi sanguinaire qui légaliserait l'assassinat de personnes » et pour éclairer les consciences quant aux « énormes dommages psychologiques causés à une femme par un avortement » (*Urrutia et al.* 2007). En réponse, les groupes féministes et les organisations de femmes ont exigé des législateurs issus de ce parti qu'ils respectent le droit des femmes à disposer de leur corps et laissent de côté les arguments religieux pour fonder leur opinion sur les preuves scientifiques.

Sont également intervenus dans ce débat des académiciens, des experts en génétique, en médecine et en éthique médicale ainsi que des philosophes, qui ont expliqué, données scientifiques et philosophiques à l'appui, que « la personne humaine » ne faisait son apparition qu'*après la conception*, et contredit frontalement la vision essentialiste de l'Église. Le Collège de bioéthique, composé de chercheurs réputés, a par exemple publié, quelques jours avant le vote de la réforme, un dépliant dans lequel on pouvait lire :

> Les connaissances scientifiques sur le génome, la fertilisation, l'embryogenèse et la physiologie de la grossesse indiquent que l'embryon de 12 semaines N'EST PAS un individu biologique et moins encore une personne, et ce pour les raisons suivantes : a) N'étant absolument pas viable hors de l'utérus, il n'a aucune vie indépendante,; b) Il dispose certes du génome humain complet mais considérer qu'il est à ce titre une personne nous obligerait à reconnaître comme personne toute cellule ou organe d'un corps adulte, qui eux aussi disposent du génome humain. L'ablation d'un organe pourrait donc être assimilée au meurtre de milliards de personnes ; c) À 12 semaines, le cerveau ne fait qu'entamer les étapes préliminaires de son développement. Le cortex cérébral ne s'est pas développé, pas plus que les connections nerveuses indispensables à l'existence des sensations ; d) Par conséquent, l'embryon de 12 semaines n'est pas en mesure de ressentir la douleur ni une quelconque autre forme de perception sensorielle, et moins encore de jouir ou de souffrir. (Colegio de Bioética 2007)

La version progressiste du langage scientifique est parvenue à s'imposer lors du processus de dépénalisation. Dans le Code pénal, la grossesse est définie en opposition ferme avec l'idée religieuse qui veut que l'existence d'une personne commence « dès le moment de la conception ». Il y est établi que « la grossesse est cette étape de la reproduction humaine qui commence *lors de l'implantation de l'embryon dans l'endomètre* » (article 144). Le texte final, adopté le 24 avril 2007, a donné une nouvelle définition de l'avortement : « l'interruption de grossesse *après la douzième semaine de gestation* », ce qui a confirmé qu'aucun délit ne pouvait être caractérisé avant ce délai et que les femmes désirant avorter n'auraient pas à justifier leur décision ou à passer par la voie judiciaire.

Ces nouvelles définitions de la grossesse et de l'avortement ont créé, dans la capitale, une obligation pour l'État de protéger le droit des femmes à disposer de leur corps, ce que les groupes conservateurs ont vécu comme une sévère remise en question de leurs arguments. Après la décision de la Cour suprême de justice de la nation, la hiérarchie catholique et les organisations civiles conservatrices ont entrepris une campagne agressive de dénigrement de la loi et de ceux et celles qui avaient encouragé son adoption, montrés du doigt comme les instigateurs d'une

« culture de la mort ». L'Archevêque Norberto Rivera, ainsi que les huit évêques auxiliaires de l'Archidiocèse de Mexico, ont publié une déclaration où ils affirmaient :

> Aucune circonstance, aucune finalité, aucune loi en ce monde ne pourra rendre licite un acte intrinsèquement illicite parce qu'il est contraire à la loi de Dieu. [...] Il est impossible de justifier l'avortement en prétendant nier le statut humain de l'embryon. L'être humain doit être respecté et traité comme une personne depuis l'instant de sa conception. [...] Nous rappelons que quiconque participe à la perpétration de ce meurtre exécrable s'en rend moralement responsable. [Et nous incitons le personnel de santé à] faire valoir son droit à l'objection de conscience[19]. (Román 2008)

Toutefois, comme nous l'avons déjà mentionné, la lutte pour la reconnaissance légale de la vie « dès la conception » a gagné d'autres États mexicains, où les groupes conservateurs ont cherché à sceller des alliances pour empêcher des réformes similaires à celle du District fédéral. À nouveau contraints de recourir à d'autres schémas discursifs que ceux de la morale et de la religion, les groupes et les parlementaires conservateurs ont fait campagne pour modifier les constitutions des États en s'appuyant sur les arguments d'un généticien français qui défend la thèse qu'une personne existe dès sa conception[20].

---

[19] Dans son article 59, la Loi de santé du District fédéral reconnaît au médecin la possibilité d'être objecteur de conscience si la pratique d'un avortement légal est contraire à ses croyances religieuses ou à ses convictions personnelles. Mais il a l'obligation de référer la patiente à un médecin non objecteur.

[20] Le généticien français Jérôme Lejeune a été l'instigateur, en 1974, de la Déclaration des médecins français contre l'avortement légal, qui défendait le respect de la vie humaine dès la conception et dont les arguments furent repris par le Vatican dans sa Déclaration de 1974 sur l'avortement provoqué. Cette déclaration condamne l'avortement et défend « le droit naturel à la vie ». Depuis lors, les idées exposées par ce généticien ont été reprises par les groupes conservateurs opposés à l'avortement pour étayer leurs croyances religieuses par des « preuves scientifiques » (Cruz-Coke 2002).

L'avortement et le sujet de la décision

Ce point nodal des débats laisse apparaître une transformation majeure de la culture hégémonique du genre au Mexique, car le simple fait de concevoir la poursuite d'une grossesse comme une décision va à l'encontre de l'enseignement catholique qui conçoit la reproduction comme un plan divin. Il est vrai, comme nous l'avons dit auparavant, que les politiques de planning familial avaient déjà réussi à répandre l'idée que le fait d'avoir des enfants était un *choix*, tout comme le moment de leur conception. Mais le fait que l'interruption de grossesse devienne une *possibilité* a totalement bouleversé le paysage de ce débat politique.

Après des années de lutte, le mouvement féministe de Mexico a opéré un retournement discursif qui s'est avéré décisif. Il a en effet contraint le débat public à abandonner la question du *pour ou contre l'avortement* pour s'orienter vers l'interrogation suivante : à qui revient la décision d'un avortement (Lamas 2012) ? Ainsi, la légitimité de la pratique a cessé d'être centrale dans les discussions qui se sont articulées autour du statut de sujet dans cette pratique. Les groupes féministes ont réussi à introduire la notion de femmes *sujettes de droits*, dans la continuité des discours de plus en plus légitimes sur la démocratie et la citoyenneté. En se réappropriant des notions telles que la « liberté de conscience », les groupes de défense des droits ont affirmé, avec un certain succès, l'idée que les femmes sont des sujets doués de l'autorité morale nécessaire pour décider de leur propre vie. C'est en ce sens que María Consuelo Mejía, directrice de Catholiques pour le droit à décider – l'une des organisations les plus actives lors du débat sur cette réforme – a déclaré :

> [Parce qu'il est clandestin] l'avortement est la troisième cause de mortalité dans la ville. Il est donc nécessaire de « mettre les lois en adéquation avec la réalité ». J'appelle donc les députés à adopter cette loi et à laisser les femmes, en tant que sujets autonomes doués de liberté de conscience, décider si elles choisissent ou non d'avoir recours à cette pratique. (Hernández 2007)

En opposition flagrante avec ces raisonnements, le discours conservateur élimine les femmes de la liste des sujets potentiels de la décision et prétend qu'un tel « droit » viendrait contredire la *loi naturelle* selon laquelle les femmes doivent perpétuer l'espèce et protéger dès sa conception la vie humaine qui se développe en elles et qui jouit de droits fondamentaux. En réalité, pour les défenseurs de ce point de vue, le sujet *est l'embryon* et non la femme réduite à l'état de ventre en gestation. Dans les propos de l'archevêque auxiliaire de Guadalajara, Leopoldo González, on trouve un mélange singulier de science, de droit et de morale :

> Ce qu'ils font croire aux femmes est une supercherie : « C'est mon corps et je fais ce que je veux de mon corps ! Respectez-moi ! ». Non, femme, ce n'est plus ton corps. Tu n'es plus propriétaire de ton corps et de ta vie : tu en es l'administratrice. Et la femme de dire : « Je fais ce que je veux de mon corps ». Non, non, un instant ! Il y a là le corps d'une autre personne. Depuis sa conception, toutes les caractéristiques de l'ADN d'une personne humaine en plein développement sont présentes [...] Les femmes qui avortent doivent être traitées comme des criminelles et doivent en payer le prix devant la loi. (Avelar 2007)

Durant le processus de dépénalisation, les groupes conservateurs se sont montrés particulièrement inquiets quant aux potentielles conséquences culturelles et personnelles de la réforme pour les femmes qui, selon eux, commenceraient à considérer l'avortement comme une pratique morale pour la simple raison qu'elle est légale[21]. À ce sujet, le père Hugo Valdemar, porte-parole de l'Archidiocèse de Mexico, a fait ce commentaire :

> [...] Ce qui est préoccupant, c'est qu'en devenant légale, une pratique par nature immorale trouve sa justification. Cela pervertit la société et fait croire que ce qui est légal est aussi moral. Mais c'est loin d'être certain. Tout ce qui est légal n'est pas forcément moral.

21 Nous verrons plus loin comment ces deux dimensions, légale et morale, s'articulent dans l'expérience des femmes.

Il est étonnant de constater que les enquêtes d'opinion réalisées en 2007, 2008 et 2009 montrent un niveau d'adhésion croissant de la population de la capitale à la loi de dépénalisation de l'avortement. Alors qu'en 2007, 38 % des personnes interrogées disaient approuver la loi, elles étaient 73 % en 2009 (Population Council 2009). Ces résultats démontrent tacitement le bien-fondé de la préoccupation exprimée par le porte-parole de l'Archidiocèse. La légalisation semble en effet avoir eu un puissant effet symbolique sur la légitimité de la pratique, et donc sur la façon dont elle est considérée au plan de la morale.

Selon le même père Valdemar, et selon Armando Martínez, président du Collège des avocats catholiques, l'Église avait accepté avant la légalisation de tolérer certains motifs d'avortement comme le viol ou un danger vital pour la mère – motifs reconnus par la loi dans tous les États du pays – bien que l'institution catholique n'admette l'avortement sous aucun prétexte. Mais lorsque la loi a reconnu le droit des femmes à *choisir librement*, les groupes conservateurs ont réagi avec une toute autre virulence. C'est donc la protection de l'autonomie et de la liberté des femmes qui semble menacer directement le pouvoir de la hiérarchie catholique.

Lorsque quelques dignitaires catholiques ont rendu compte de leur intervention en faveur de la repénalisation de l'avortement dans certains États, ils ont justifié cette crainte. Ils ont expliqué que l'Église se devait de prendre la conscience des femmes sous sa tutelle car ces dernières n'avaient pas conscience des graves conséquences psychologiques et morales d'un avortement. Niant totalement le statut de sujet de la femme, l'évêque de Texcoco, Juan M. Mancilla, a affirmé :

> L'Église veut protéger la femme, car, les années passant, la conscience de celle-ci entre en contact avec ce qu'il y a de plus sacré en elle et les remords les plus douloureux et les plus terribles s'emparent d'elle [...]. Il nous faut traiter la femme comme on traite toutes les choses saintes de Dieu. (*El Mensajero* 2009)

Dans certains États mexicains, la promotion de l'embryon au rang de sujet et, ainsi, la négation du statut de sujet des femmes enceintes ont atteint des niveaux extrêmes et inédits. Les réformes punitives ont ouvert la voie à une criminalisation plus marquée des femmes et ont déclenché des réactions violentes parmi les membres de groupes ultraconservateurs, certains d'entre eux étant des fonctionnaires gouvernementaux. Dans l'État de Guanajuato par exemple, les organisations de femmes ont recensé, en 2010, un total de 160 détentions de femmes pauvres, arrêtées, jugées et même condamnées – à des peines allant jusqu'à 29 ans de prison – après avoir été dénoncées par des membres du personnel soignant qui les soupçonnaient d'avoir avorté (Machuca 2010).

La dénonciation de cette persécution dans les médias a suscité une telle réprobation dans tout le pays que le gouverneur de l'État a été contraint de gracier les femmes emprisonnées. Mais le discrédit jeté sur le gouvernement de l'État avait pris des proportions telles que la hiérarchie catholique elle-même a tenté de nuancer sa position, affirmant ne pas être en faveur de l'incarcération d'une femme qui aurait avorté (*Desde la Fe* 2011), sans toutefois revenir sur sa condamnation de l'utilisation des contraceptifs modernes.

Ce débat social et politique au sujet de l'autonomie reproductive des femmes a avant tout des conséquences matérielles sur les vies et sur les corps de celles-ci. Il régit les conditions qui font qu'un l'avortement est légal ou clandestin, sûr ou dangereux. Ses effets ne se limitent toutefois pas à cette dimension. Ils atteignent aussi la sphère symbolique dans laquelle s'organise la production de l'expérience subjective de l'avortement.

Sécularisation et démocratisation de la société mexicaine : données subjectives pour la construction de l'expérience de l'avortement légal

Le rapport des femmes avec le débat que nous avons évoqué est conditionné par des processus historiques qui ont modifié la place autrefois prééminente de la religion catholique dans la culture et la politique nationales. La tendance à la pluralité religieuse s'est considérablement accentuée durant ces trente dernières années[22] et, parallèlement, les fidèles catholiques ont développé une relation de plus en plus critique avec la hiérarchie de l'Église. Ils et elles se sont autorisé-es à nuancer l'autorité qu'ils-elles lui reconnaissaient, en particulier sur des sujets concernant leur vie privée.

Selon Blancarte (2008), « le Mexique est un pays à la fois très religieux et très séculier. Les processus de démocratisation et de sécularisation sont intimement liés : tous deux reposent sur une évolution de la liberté de conscience » (p. 227). C'est précisément dans le champ de la liberté de conscience que de nombreux catholiques placent les décisions portant sur la sexualité et la reproduction[23]. L'Enquête d'opinion catholique de 2009 (Martínez-Salgado, Lerner et Aldaz 2013), à rebours de ce que prône la norme de l'Église, montre par exemple que 75 % des fidèles se déclarent en faveur de la distribution par les services de santé des contraceptifs d'urgence aux femmes ayant eu des relations sexuelles consenties, et que 87 % d'entre eux approuvent cette distribution en cas de viol. En outre, le même échantillon va jusqu'à défendre, à 73 %, le droit des femmes à décider d'avorter dans certaines circonstances (notamment lorsque la grossesse est la conséquence d'un viol, en cas de danger pour la vie de la mère, ou encore lorsque le fœtus présente des malformations congénitales).

Ces données traduisent une prise de distance des croyants à l'égard des principes doctrinaux de l'Église ainsi qu'une personnalisation du système de croyances qui est venue affaiblir le

22 Selon le recensement de 2010, 83,9 % des Mexicains se déclarent catholiques, contre 88 % en 2000.

23 Une étude réalisée en 2003 (CDD/Population Council 2003) montre clairement que les personnes interrogées accordent une grande importance à la séparation des affaires de l'État de celles des églises et attendent des fonctionnaires et des législateurs qu'ils conçoivent les politiques publiques sans s'inspirer de la religion et que leurs croyances personnelles n'interfèrent en rien dans l'exercice de leurs fonctions.

pouvoir normatif de l'Église. Progressivement, les individus ont considéré que les questions morales relevaient de leur évaluation personnelle : nous sommes en présence d'une « révolution silencieuse au cours de laquelle les catholiques se sont lentement et discrètement affranchis du pouvoir hiérarchique qui régissait leur comportement quotidien » (Blancarte 2004, 343).

Néanmoins, il convient de différencier le discours politique de la *hiérarchie catholique* de la *morale sexuelle catholique* qui imprègne la construction historique de la sexualité au Mexique et dépasse nettement les domaines strictement institutionnels. Même si les processus de démocratisation politique ont favorisé l'exercice d'une forme d'autonomie vis-à-vis de l'Église, les femmes mexicaines sont inévitablement confrontées à la nature clairement catholique – et même *mariale* – des processus dominants de subjectivation de genre, qui font que la maternité détermine un sujet *femme* homogène et totalisant. Ce sont les femmes qui, lors du dialogue personnel qu'elles entretiennent tout au long du processus d'interruption, soupèsent et nuancent ces différentes positions. C'est pour cette raison que, dans notre analyse, nous parlons d'un débat *subjectif*, qui a précisément lieu dans l'intimité des consciences.

L'échelle microsociale : le débat subjectif dans l'expérience de l'interruption légale de grossesse (ILE)

L'analyse des entretiens permet d'identifier une relation entre deux champs : elle montre une corrélation entre *le débat de société* qui se déroule dans le champ politique et le *débat subjectif* qui s'exprime dans les témoignages des femmes.

Comme nous l'avons vu, ce débat subjectif s'exprime dans une polyphonie où les femmes se réfèrent non seulement aux discours sociaux se disputant l'hégémonie sur les questions de l'avortement, de la reproduction et de la maternité, mais aussi à leur propre opinion sur ces sujets. Elles confèrent à ces divers éléments plus ou moins d'importance pour définir leur expérience.

ILE : péché ou délit ? La séparation de la morale et de la loi

Les récits des femmes montrent que la possibilité d'interrompre la grossesse oblige chacune – et parfois son conjoint – à confronter ses désirs, ses projets de vie et sa situation personnelle aux discours de la morale catholique et de la culture hégémonique de genre. Ce débat personnel est à la fois un résultat et un facteur déterminant de la trame de valeurs et du sens donné à l'avortement. Cette trame moralisante et stigmatisante qui domine la culture mexicaine a toutefois été remise en cause *de facto* par la récente légalisation de l'avortement.

L'existence même de l'ILE fracture la concordance de la morale de la loi qui, avant la dépénalisation, faisait de l'avortement à la fois un *péché* et, de fait, un *délit*. L'État assurant désormais cette prestation dans les institutions publiques de santé, un espace symbolique nouveau s'est ouvert dans lequel les femmes distinguent motivations personnelles et considérations légales. Elles procèdent donc à un examen de conscience qui devient le lieu de leurs réflexions morales tandis que l'interruption de grossesse en elle-même se trouve protégée par la loi.

L'ILE permet ainsi de désagréger les discours dominants à propos de l'avortement. Bien sûr, pour certaines femmes, l'ILE constitue un problème moral d'ordre religieux, mais, pour toutes, il a cessé d'être un délit pour devenir une possibilité d'exercer un droit. Les femmes sont devenues les titulaires des décisions concernant leur propre corps.

> Personne ne peut décider à ta place. Évidemment si tu y mets tes propres valeurs, tes idées, ta morale, cela devient très personnel, parce qu'en fin de compte, celle qui porte le poids, ou plutôt, je préférerais dire la responsabilité d'un enfant, c'est toi. C'est toi qui le porte dans ton corps, toi qui lui donne vie, toi qui en prends soin. Il sera donc toujours avec toi, non ? C'est ce que je pense en tout cas. Donc, tu as le droit de décider si tu veux une famille et des enfants maintenant ou pas. Donc oui, je crois que c'est un droit, je suis même certaine qu'il s'agit d'un droit pour les femmes, un droit à disposer de leur corps (Frida, 25 ans, célibataire sans enfant, employée).

Dans ce processus, le service public d'ILE est une sorte de voix *silencieuse* – mais extrêmement puissante – qui opère dans le champ de l'expérience de l'avortement où elle s'oppose à la morale catholique, sur un pied d'égalité et en sa seule *qualité de fait*. L'accès à ce service, en lui-même, permet aux femmes d'évaluer non seulement les aspects moraux du processus mais aussi le sens même de l'avortement. L'ILE défini comme service public permet donc aux femmes de s'approprier de nouvelles significations et de faire ainsi l'expérience d'un *conflit subjectif* entre les différents discours qui prétendent définir l'avortement comme un péché ou comme un droit. Les conditions permettant une décision relevant de la sphère privée se sont ainsi créées dans la sphère publique, par une incursion du droit dans un domaine strictement moral.

Cependant, il ressort de cette enquête que le débat ne se pose pas dans les mêmes termes pour toutes les femmes en fonction de leur statut social et de leurs conditions de vie. Les témoignages des mères, en couple ou séparées, qui se trouvent en situation de subordination marquée – parce qu'elles sont d'un niveau culturel inférieur, économiquement dépendantes de leur conjoint, soumises à la division sexuelle du travail et épuisée par l'éducation des enfants –, montrent une adhésion plus forte aux discours hégémoniques de genre et/ou à la morale catholique. Elles ne sont que légèrement influencées par le discours scientifique, celui du planning familial et par les arguments féministes.

> Parfois on ne se sent pas bien, c'est vrai… surtout à cause de la religion… Vous comprenez ? Parce que moi, je suis catholique et que « Dieu va me punir ». Mais je crois que ce serait agir encore plus mal que de faire venir un enfant au monde pour lui donner une vie de chien. C'est mieux d'avorter tout de suite (Alicia, 26 ans, 1 enfant, mère célibataire, employée occasionnelle).

Les femmes célibataires – plus jeunes en règle générale – font preuve, quant à elles, d'une autonomie plus grande. Elles sont plus éduquées et accordent de l'importance à leurs projets personnels et à une forme d'indépendance économique. Ces priorités se reflètent dans leur décision de repousser la grossesse jusqu'à ce que les conditions optimales soient réunies. Dans leurs récits, elles mettent en avant les arguments féministes sur le corps et sur leur « droit à en disposer », et décrivent leur expérience en faisant usage d'un langage plus scientifique que religieux.

> D'abord, c'est la liberté de choix, c'est ma décision, et c'est aussi ma décision de le raconter ou non à qui je veux, n'est-ce pas ? Mais en plus, je sais où aller, à qui faire appel, et comment [l'ILE] va se passer (Sabina, 21 ans, 1 enfant, en concubinage, salariée).

Par ailleurs, pour comprendre la prise de position des femmes confrontées à ces discours sociaux concurrents, il est également important de prendre en considération leur degré de dépendance économique, sociale et subjective. Ces facteurs expliquent en partie l'existence de trois moments culminants dans le débat subjectif : a) au moment de décider de l'avortement, b) en présence de militants des groupes conservateurs dans les cliniques publiques et c) au cours de la réflexion a posteriori sur de l'ILE.

Décider de la grossesse et de l'avortement : désir, injonction et conditions

Le premier moment culminant du débat subjectif s'observe lorsque les femmes sont confrontées à une grossesse non prévue ou non désirée. Ce débat peut être plus ou moins intense et contradictoire mais ne porte généralement pas sur la maternité en elle-même. Il s'agit plutôt d'en déterminer le moment opportun. De fait, l'avortement vise souvent à préserver les conditions dans lesquelles les mères élèvent les enfants déjà nés ou élèveront ceux qui naîtront par la suite.

> C'est que je n'en sais rien. J'aurais voulu le garder. Parfois j'y pense beaucoup et je me mets à pleurer parce que je me dis : « je le garde ou pas ? » Mais ensuite je pense à ma fille et à mon fils, au fait que je n'aurai plus le temps de m'occuper d'eux au quotidien, et surtout aux dépenses qu'ils vont occasionner, beaucoup de dépenses. C'est tout cela qui me préoccupait tant... (Margarita, 18 ans, mariée, études secondaires inachevées, deux enfants, mère au foyer).

Ainsi, l'injonction culturelle à la maternité n'est pas remise en cause car celle-ci a toujours été l'axe central de la subjectivation de genre et de l'identité des femmes dans l'histoire du Mexique. Il ne s'agit alors que de se résoudre à reporter cette maternité. « L'équivalence femme / mère, historiquement construite, devient à la fois une nature et une identité, ou mieux, elle devient une identité *naturelle*. On ne saurait être femme sans être mère » (Amuchástegui 2013).

Mais les politiques publiques de planning familial ont perturbé cette exaltation historique de la maternité dans la culture mexicaine. Le discours des autorités a introduit la notion de choix dans le domaine de la reproduction : choix du nombre d'enfants mais aussi du moment et des circonstances dans lesquelles on désire les avoir ou ne pas les avoir grâce à la contraception[24]. Même si la maternité reste une constante des projets identitaires des femmes, le combat et les arguments féministes ont donc fait naître de « nouvelles marques d'identité » (Lamas 2011, 177) qui ouvrent un espace d'appropriation subjective du « droit à disposer de son corps » et de la reproduction.

> Maintenant que c'est fait, je me sens plus tranquille et je sais que je peux mener à bien mes projets et faire ce que j'ai toujours désiré faire. Ensuite, une fois ces objectifs atteints, alors oui, j'aimerais vraiment avoir un enfant, mais en ayant déjà de quoi lui offrir une bonne éducation. (Liz, 21 ans, sans enfant, étudiante et salariée).

La présence de militant-es des mouvements pro-vie dans les cliniques publiques : intimidation et violence

Le deuxième moment d'exacerbation du débat subjectif résulte de la pression exercée par les groupes pro-fœtus[25] à proximité

[24] L'article 4 de la Constitution établit que : « ... Toute personne a le droit de décider de manière libre, responsable et informée du nombre d'enfants qu'elle souhaite avoir et de l'espacement des naissances. »

[25] Un mois après l'adoption de la réforme, le Comité National Pro-Vie a lancé une campagne dans les hôpitaux de la capitale « afin d'empêcher la réalisation d'avortements et d'inviter les professionnels de santé à se joindre aux mouvements de défense de la vie », mais aussi afin de « réclamer

des cliniques publiques afin d'empêcher le libre accès des femmes à l'ILE. Au nom de la morale sexuelle catholique et de son prétendu caractère universel et naturel, les militant-es conservateurs-trices assaillent les femmes et les personnes qui les accompagnent quand elles attendent leur tour dans les cliniques pour tenter de les faire renoncer à leur projet d'interruption de grossesse. Les groupes conservateurs utilisent des arguments moralistes, des effigies de la Vierge de Guadalupe[26], des prières et des photomontages montrant des fœtus avec des visages de nouveaux-nés, et abordent les femmes sous le faux prétexte de leur faciliter l'intervention. Confrontées à de telles manipulations, certaines femmes acceptent de quitter la clinique pour être transférées vers d'autres lieux où leur sont projetés des films montrant des avortements sanglants et dangereux tant pour la mère que pour le fœtus qu'il nomment « être humain ».

> Ils disent d'abord : « Ils commencent par couper le bébé en morceaux, puis une fois le bébé déchiqueté, ils retirent ce qu'ils peuvent avec des pinces [...] pour finir par la tête. » Puis ils te montrent l'état du bébé coupé en morceaux une fois sorti. En me montrant cette vidéo, je ne sais pas s'ils ont voulu me faire peur. Je crois que oui car les images étaient vraiment très crues. La fille était allongée comme ça, perdant tout son sang, l'horreur ! Je me suis demandé pourquoi ils me montraient ça. Quand nous sommes arrivés, il y avait une dame, à l'extérieur, qui donnait des informations sur l'avortement... Et alors oui, j'ai pris peur et j'ai fini par voir ce documentaire. J'avais envie de pleurer mais j'ai tenu bon. Ensuite, la dame qui donnait les informations est entrée et m'a demandé : « Tu t'es sentie comment après avoir vu le documentaire ? » Je lui ai dit que j'étais certes un peu effrayée mais que c'était une décision que j'avais déjà prise et sur laquelle je ne reviendrais pas. (Sonia, 20 ans, célibataire, sans enfant, étudiante)

En dépit de ce harcèlement, les femmes – surtout les plus jeunes et celles qui ont un niveau d'éducation plus élevé – désavouent

---

aux directeurs d'hôpitaux, dans le cas où des avortements auraient été réalisés, qu'ils leur remettent les fœtus pour pouvoir les inhumer ». Des actions de ce type sont toujours menées, comme en témoignent les femmes interviewées (Aciprensa 2007).

26 Icône de la féminité dans la culture catholique mexicaine.

et contestent ces actions ainsi que les méthodes qu'elles utilisent. Leurs récits montrent qu'elles font la distinction entre leur propre foi, le fanatisme et la manipulation exercés par les groupes conservateurs qui les interpellent, et la morale catholique.

> Un péché ? Hé bien... je crois que l'Église est contre l'avortement. Moi, je ne vois pas ça comme un péché. L'Église le voit peut-être comme ça mais franchement, ils devraient se mettre à la place des femmes, des jeunes filles et des adolescentes. Vraiment, ils devraient se mettre à leur place et voir leur situation, parce que c'est trop facile de juger les gens comme ça, sans connaître les faits pour lequel on les juge. (Sonia, 20 ans, célibataire, sans enfant, étudiante)

La pression exercée par ces groupes accentue le débat subjectif que vivent les femmes sur le point de subir une ILE. Toutefois ces groupes ne parviennent pas complètement à leurs fins car les femmes opposent une résistance à cette intrusion. Dans les témoignages des femmes, certaines notions comme le statut d'être humain du fœtus revêtent une certaine importance, mais elles y figurent aux côtés d'autres discours qui les relativisent, comme par exemple l'idée du droit des femmes à disposer de leur corps. Le contraste et la tension entre ces signifiants opposés, ainsi que l'existence même de l'ILE, tempèrent donc le jugement moralisateur dont certains récits se font l'écho, ce qui est très important. En lui-même, le fait que l'État fournisse ce service permet de s'affranchir de la prétendue immoralité de l'avortement tout en introduisant les arguments féministes du droit à disposer de son corps dans sa dimension matérielle, ce qui déstabilise le pouvoir monolithique exercé par le catholicisme sur la subjectivité des femmes.

> Grâce à [l'ILE] je me suis sentie protégée, soutenue par la société. Imaginez-vous sans ressources. Moralement, c'est vrai que je me suis sentie très mal parce qu'au fond de moi, je ne voulais pas le faire. Mais voilà c'est fait maintenant. Il ne me reste plus qu'à prendre soin de moi et à aller de l'avant. C'est tout ce qu'il me reste à faire. Bien sûr j'en porterai toujours le poids, parce que c'est comme ça. Mais enfin, je dois dire que cela a été une bonne chose que le gouvernement soutienne les femmes (Isabel, 47 ans, mère et grand-mère, divorcée, secteur informel).

Épilogue de l'expérience : l'ILE comme droit restreint

Le troisième et dernier moment culminant du débat subjectif se situe lors de la réflexion *a posteriori*, et particulièrement lorsqu'au cours des entretiens[27], nous avons demandé aux femmes leur opinon sur l'ILE en tant que droit. Dans ce contexte, si les femmes s'affirment comme sujets de cette décision, elles ont tendance à repenser et à restreindre aussi bien ce statut que le droit lui-même, ce dernier ne devenant légitime que pour certains motifs spécifiques ou pour autant que l'intervention ne soit pratiquée qu'une seule fois.

Nous avons déjà évoqué la possibilité induite par l'ILE de séparer la morale de la loi. Mais lorsqu'elles sont interrogées sur l'avortement légal en tant que droit, les femmes font de nouveau se confondre les deux champs et affirment la nécessité de restreindre ce droit. Bien que cette supposée restriction paraisse avoir deux versants, la loi finit par se retrouver assujettie à la morale. Les discours institutionnels de l'Église et des groupes conservateurs ainsi que les consignes du planning familial invoquent une série de motifs légitimant l'accès à l'ILE, de sorte qu'elle n'est pas présentée comme ce qu'elle est, à savoir un droit universel, sans restriction, qui ne saurait être limité que par la volonté de la femme :

> Pour les jeunes filles de seize ans, je crois que l'avortement n'est pas adapté. Pourquoi ? Parce qu'aujourd'hui dans les collèges, il y a un véritable dialogue. On leur explique les méthodes contraceptives, les préservatifs, la pilule et tout ce qu'on utilise de nos jours. En fait, je dirais que l'avortement légal aurait dû concerner seulement les mères célibataires, les femmes battues, celles qui ne veulent plus du géniteur, les femmes violées, et celles qui sont déjà un peu âgées. Pour celles qui commencent à découvrir la vie sexuelle, et beaucoup de choses nouvelles, ce serait un traumatisme d'attraper une maladie ou de devenir stérile suite à une interruption de grossesse. (Sofía, 20 ans, sans emploi, violence conjugale, en instance de divorce, mère de deux enfants, deux avortements)

[27] Les entretiens ont été effectués une fois l'interruption de grossesse réalisée.

Ce témoignage montre que les motifs jugés légitimes pour une interruption de grossesse se fondent sur une relation directe entre sexualité et souffrance : la violence, la coercition, l'adversité et l'assujettissement sont des situations qui justifient l'avortement. En revanche, la liberté sexuelle des femmes et l'expérience du plaisir sans conséquences reproductives ni coercition ni violence ne semblent bénéficier d'une légitimité suffisante dans aucun des discours en concurrence et dans aucun des témoignages recueillis.

Invitées à s'exprimer sur la possibilité de restreindre l'accès à l'ILE en limitant le nombre d'interventions à une seule, les femmes émettent une mise en garde sur le « mauvais usage » supposé de l'ILE comme méthode contraceptive. Cette inquiétude fait écho aux discours sociaux exprimant la peur de la liberté sexuelle des femmes.

> À ce rythme là, il va y avoir une épidémie d'avortements. [...] Hélas, parfois, on ne fait pas attention, les gens ne font pas attention et ils pensent que de toute façon ils ont la possibilité de... Si je tombe enceinte, de toute façon... Souvent, elles le prennent comme ça, comme si c'était un jeu. Mais malheureusement, ce n'est pas un jeu. Moi je suis d'accord, je soutiens. Mais ce n'est pas un jeu auquel on joue quatre ou cinq fois. (Yolanda, 26 ans, mariée, une fille)

Dans cette logique, la répétition de grossesses non planifiées révélerait une activité sexuelle féminine sans fins reproductives qui entre en conflit avec la morale sexuelle catholique et pourrait même être considérée comme une attitude irresponsable au regard du « soutien » apporté par le gouvernement aux femmes qui en auraient « véritablement » besoin. L'avortement, surtout lorsqu'il est conçu comme un acte qui se réitère, cristallise ainsi, de façon contradictoire et fragmentée, les préceptes, valeurs et pratiques des différents discours qui, dans l'histoire, ont justifié le contrôle sur le corps des femmes.

L'analyse de ces trois moments culminants du débat subjectif montre que les femmes, pour décrire leur expérience, reprennent les discours du débat sociopolitique pour réprouver, restreindre, juger ou défendre le droit à l'avortement légal en fonction de circonstances déterminées. Mais, dans la pratique, elles avortent, et en ayant recours à cette solution, elles adoptent une position *pratique* – pas toujours verbalisée – quant à leur capacité à disposer d'elles-mêmes et de leur corps. Elles donnent également une forme de légitimité à l'accès à l'avortement en déplaçant le pouvoir des discours sociaux dominants à l'œuvre dans la formation de la subjectivité – sans pour autant éliminer ce pouvoir –, et construisent ainsi la possibilité d'être reconnues comme sujets de décision.

Réflexions finales : le libre accès à l'ILE dans les services de santé publique et la relativisation du discours catholique

Dans le cadre de la lutte pour la légalisation de l'avortement, nous avons vu que la démocratisation instable du pays ainsi que les conflits au sujet la laïcité de l'État s'étaient mués en un affrontement entre l'Église catholique et ses alliés, les mouvements féministes et organisations de femmes, mais aussi des hommes politiques de tous bords, tous cherchant à affirmer l'hégémonie de leur point de vue sur la sexualité et la reproduction des femmes.

L'analyse de ce processus montre que la simple idée de débattre de la reproduction comme d'un champ de décision, et plus encore de débattre au sujet de *qui décide* des capacités reproductives des femmes, a ouvert un espace social où ces dernières ont pu lancer un *débat subjectif*. Dans ce débat, les conceptions catholiques de la féminité – qui ont dominé l'histoire de la culture mexicaine – ont été remises en cause, relativisées et contraintes au dialogue dans des cadres éthiques et politiques différents – les discours modernes sur la citoyenneté, les droits, la liberté et la responsabilité – introduits par des acteurs sociaux progressistes comme les mouvements féministes et les mouvements de femmes. Ainsi, la légalisation de l'avortement apparaît comme un corollaire de la déstabilisation progressive de l'autorité du discours catholique sur la maternité qui régissait jusqu'alors les vies et les décisions reproductives des femmes.

En d'autres termes, les témoignages des femmes révèlent qu'en leur propre conscience coexistent et se confrontent différents discours sociaux. Ce processus a permis de transformer les déclarations unilatérales propres à certains discours dominants – particulièrement celui de la morale catholique – en des affirmations relatives. La prétention d'absoluité du discours moral religieux se trouve ainsi contestée par le processus dialogique de l'hétéroglosie (Amuchástegui 2001), qui se manifeste non seulement dans le débat de société sur l'avortement mais aussi dans les réflexions des femmes au cours du processus d'ILE.

Les témoignages analysés montrent que l'existence et l'intensité des débats de société sur l'autonomie reproductive des femmes, présents dans le champ culturel mexicain depuis quelques décennies déjà, ont permis à celles qui ont eu recours à une ILE de mettre en pratique leur autonomie en prenant une position différenciée au sein de ces débats. Grâce aux luttes politiques pour l'avortement, les femmes ont pu ouvrir, dans leur propre expérience, un espace intérieur où elles ont pu nuancer l'importance des différents discours. Le discours catholique n'apparaît plus comme la vérité révélée sur leurs vies reproductives, mais simplement comme une des options discursives et éthiques disponibles dans cette arène du combat pour l'hégémonie. C'est précisément ainsi que les femmes montrent pleinement et en action le terrain gagné par la liberté de conscience au Mexique. Les formes que peuvent prendre leur positionnement au sujet de l'avortement est un indicateur indéniable de la sécularisation croissante de la société mexicaine contemporaine.

Encadré 1. Niveau macrosocial. Acteurs politiques interrogés

Nom	Fonction et Organisation
Patricia Uribe	Directrice Générale du *Centro Nacional de Equidad de Género y Salud Reproductiva, Secretaría de Salud de México*
Julio Frenk	Ministre de la Santé (2000-2006) Doyen de l'École de Santé Publique de l'Université de Harvard, Boston
Patricia Mercado	Directrice de la Fondation *Voz Alternativa* y de *Liderazgo, Gestión y Nueva Política, A.C*. Ex candidate présidentielle du el *Partido México Posible* (2000) et *Alternativa Socialdemócrata y Campesina* (2006)
Manuel Espino	Président de la *Organización Demócrata Cristiana de América* et ex-président *del Partido Acción Nacional* (PAN)
Elsa Conde	Députée Fédérale du parti *Alternativa Socialdemócrata y Campesina*, LX Legislatura
Federico Döring	Sénateur du *Partido Acción Nacional* (PAN) pour le Districte Federale, LX Législature
Víctor Hugo Círigo	Député du *Partido de la Revolución Democrática* (PRD) de la Assemblée Législative de Mexico DF, IV Législature

Monseñor Raúl Vera	Évêque, Diocèse de Saltillo, Coahuila
Monseñor José Leopoldo González	Secrétaire Général de la Conférence Episcopale Mexicaine et Évêque Auxiliaire du Diocèse de Guadalajara, Jalisco
Padre Hugo Valdemar	Directeur de Communication Sociale, porte-parole de l'Archidiocèse de Mexico et du Cardinal Norberto Rivera Carrera
Armando Martínez	Président du *Colegio de Abogados Católicos, A.C.*
María Luisa Sánchez	Directrice du *Grupo de Información en Reproducción Elegida, A.C.*
Pilar Muriedas	Conseillère générale de *Salud Integral para la Mujer. A.C.* et Coordinatrice de *Territorios de Cultura para la Equidad, A.C.*

Encadré 2. Niveau microsocial. Caractéristiques des femmes interrogées – 2008/2009

Âge		18-25 ans	26-36 ans	Total
		15*	9*	24
État civil	Célibataire	14	3	17
	En couple	7	0	7
Enfants	Sans enfant	13	2	15
	Enfant(s)	8	1	9
Scolarité	Élémentaire	6	2	8
	Secondaire	8	0	8
	Supérieure	7	1	8
Activité	Étudiantes	5	0	5
	Salariées	9	3	12
	Au foyer	7	0	7
Avortements clandestins ou ILE préalables		5	0	5

* Une femme a déclaré avoir 15 ans et une autre 47

Références bibliographiques

Aciprensa. 2007. Comité Pro vida inicia campaña para evitar abortos en hospitales de México DF. Consultable sur http:// www.aciprensa.com/noticias/comite-pro-vida-inicia-campana-para-evitar-abortos-en-hospitales-de-mexico-df/#.UalDq9JJO Ag

Amuchástegui, A. 2001. *Virginidad e iniciación sexual, experiencias y significados*. Mexico : Edamex.

Amuchástegui, A. 2013. La experiencia del aborto en tres actos : cuerpo sexual, cuerpo fertile y cuerpo del aborto. In *Los archivos del cuerpo ¿Cómo estudiar el cuerpo?* R. Parrini (Dir.). Mexico : PUEG.

Amuchástegui, A., G. Cruz, E. Aldaz et M. C. Mejía. 2010. Politics, religion and gender equality in contemporary Mexico : women's sexuality and reproductive rights in a contested secular state. *Third World Quarterly*, 31(6) : 989-1005.

Avelar, A. 2007. Posturas encontradas por la despenalización del Aborto. Vecindad Gráfica. 31 mars. Consultable en ligne sur http://blogvecindad.com/posturas-encontradas-por-la-despenalizacion-del-aborto/

Bakhtin, M. 1981. *The dialogic imagination : Four essays*. Austin : The University of Texas Press. Publication originale 1935.

Blancarte, R. 2004. Prólogo. Retrato de un país católico. Encuesta de Opinión Católica en México, julio 2003. Mexico : Católicas por el Derecho a Decidir / Population Council.

Blancarte, R. 2008. El porqué de un Estado laico. In *Los retos de la laicidad y la secularización en el mundo contemporáneo*. R. J. Blancarte (Dir.). Mexico : El Colegio de México.

Bruner, E. 1986. Ethnography as Narrative. In *The Anthropology of Experience*. V. W. Turner et E. M. Bruner (Eds.). Chicago : University of Illinois Press.

Código Penal. República Oriental de Uruguay. 2013. Consultable sur http://www0.parlamento.gub.uy/leyes/Acceso TextoLey.asp?Ley=09763

Colegio de Bioética. 2007. Despenalizar el aborto en el DF : Colegio de bioética A.C. Desplegado. *La Jornada*. 17 avril. Consultable sur http://eltendedero.wordpress.com/2007/04/17/despenalizar-el-aborto-en-el-df-colegio-de-bioetica-ac/

Cruz-Coke, R. 2002. ¿Desde qué momento hay alma en el embrión humano? *Revista Médica de Chile*. 130(5). Mai.

Desde la Fe. 2011. Mujeres que abortan ¿merecen la cárcel? Sistema Informativo de la Arquidiócesis de México, 6 novembre. Consultable sur http://www.siame.mx/apps/aspxnsmn/templates/?a=5535&z=20

El Mensajero. 2009. La vida : Don divino que debemos proteger. Derecho a vivir. Periódico de la Provincia Eclesiástica de Tlalnepantla. 6 octobre. Consultable sur http://anahuac-texcoco.blogspot.com/2009/10/san-francisco-de-asis-recorddo-en.html

El País. 1990. Vargas Llosa : México es la dictadura perfecta. 1 septembre. Consultable sur http://elpais.com/diario/1990/09/01/cultura/652140001_850215.html

Foucault, M. 1981. *Historia de la sexualidad I. La voluntad de saber*. 7ª Ed. México : Siglo XXI.

GIRE. 2013. Cifras ILE. Consultable sur https://www.gire.org.mx/index.php?option=com_content&view=article&id=504&Itemid=1397&lang=es

Hernández, M. 2007. Reiteran su oposición agrupaciones religiosas. *Reforma*. 31 mars. Consultable sur http://busquedas.gruporeforma.com/reforma/Documentos/DocumentoImpresa.aspx?ValoresForma=861543-1066,sujetos+autonomos+y+con+libertad

Laclau, E. et C. Mouffe. 1985. *Hegemony and Socialist Strategy. Towards a Radical Democratic Politics*. Londres : Verso.

Lamas, M. 2009. La despenalización del aborto en México. *Nueva Sociedad*. 220 : 154-172.

Lamas, M. 2011. Cuerpo y política : la batalla por despenalizar el aborto. In *Un fantasma recorre el siglo : las luchas feministas en México 1910-2010*. (Dir.) G. Espinosa et A. Lau Jaiven. Mexico : UAM, Editorial Itaca, Conacyt, Ecosur.

Lamas, M. 2012. Un cambio de estrategia. In *20 años por todas las mujeres*. Grupo de Información en Reproducción Elegida, Revista Gatopardo, México.

Lamas, M. et S. Bissell. 2000. Abortion and Politics in Mexico : « Context is all ». *Reproductive Health Matters*. 8(16) : 10-23.

Machuca, A. 2010. Por abortar, a juicio 160 mujeres de Guanajuato. *Milenio*. 21 juillet. Consultable sur http://www.milenio.com/cdb/doc/impreso/8803127

Martínez Salgado, M., S. Lerner et E. Aldaz. 2013. Identidades católicas, derechos sexuales y reproductivos y laicidad. In *De la brecha al abismo. Los obispos católicos ante la feligresía en México*. (Dir.) E. Aldaz et M. C. Mejía, (Coord.) L. Melgar. Mexico : Católicas por el Derecho a Decidir.

Morris, P. (Ed.). 1994. *The Bakhtin Reader. Selected Writings of Bakhtin, Medvedev, Voloshinov*. Londres : Edward Arnold.

Mouffe, C. 2005. *On the political*. Londres : Routledge.

Population Council. 2009. *¿Qúe piensan quienes habitan el Distrito Federal sobre la ley que permite a las mujeres obtenerla interrupción legal del embarazo hasta las primeras doce semanas de gestación? Comparación de hallazgos clave de Encuestas de Opinión llevadas a cabo en el DF en los años 2007, 2008 y 2009*. Consultable sur http://www.catolicasmexico.org/ns/publicaciones/otras.html

Román, J. A. 2008. Ahora lo criminal, es legal. *La Jornada*, 28 août. Consultable sur http://www.jornada.unam.mx/2008/08/28/index.php?section=capital&article=040n3cap

Secretaría de Salud. 2001. *Programa de Acción : Salud Reproductiva*. Mexico.

Suprema Corte de Justicia de La Nación. 2008. *Voto concurrente que formula el Ministro José Fernando Franco González Salas en las Acciones de Inconstitucionalidad números 146/2007 y su acumulada 147/2007 falladas por el Tribunal Pleno de la Suprema Corte de Justicia de la Nación el 28 de agosto de 2008, 2008*. Consultable sur http://ss1.webkreator.com.mx/4_2/000/000/01f/c81/VOTO-CONCURR-FRANCO%20G.pdf

Suprema Corte de Justicia. 2008. Audiencias públicas. México. Consultable sur ss1.webkreator.com.mx/4_2/000/000/01f/c81/VOTO-CONCURR-FRANCO%20G.pdf

Urrutia, A., G. Romero, R. Llanos et J. Balboa. 2007. El PAN dará la batalla en la Asamblea para impedir despenalizar el aborto, dice Abascal. *La Jornada*, 15 mars. Consultable sur http://www.jornada.unam.mx/2007/03/15/index.php?section=capital&article=042n2cap

Voloshinov, V. N. 1986. *Marxism and the philosophy of language*. Cambridge, Mass.: Harvard University Press. Parution originale 1929.

Assauts tous azimuts contre le droit à l'avortement. La Pologne fait-elle école ?

Jacqueline Heinen*

Introduction[1]

Le droit de choisir – le droit des femmes de décider de leur corps et d'elles-mêmes – a fait l'objet de mobilisations incessantes à l'échelle de la planète, depuis plusieurs décennies, et les féministes peuvent se targuer d'avoir imposé leurs vues dans de nombreux pays. Pourtant, même lorsque la loi a été modifiée et que l'avortement a été dépénalisé, on aurait tort de considérer qu'il s'agit là d'un droit acquis, peu susceptible d'être remis en cause.

---

* Sociologue et professeure émérite à l'Université Versailles-Saint-Quentin-en-Yveline. Ses recherches portent sur les politiques sociales et les politiques reproductives, la citoyenneté, le genre, dans l'Union européenne et en Europe de l'Est en particulier.

1 Ce texte reprend pour partie un article paru en anglais (Heinen 2014) et un autre paru en 2009 concernant la Pologne (Heinen 2009). La plupart des exemples de remise en cause du droit à l'avortement et à la contraception donnés ici émanent d'organes de presse locaux ou nationaux consultés en ligne, ainsi que des nombreux sites des mouvements *pro-life*.

Heinen, J. 2015. Assauts tous azimuts contre le droit à l'avortement. La Pologne fait-elle école? In *Genre et religion: des rapports épineux. Illustration à partir des débats sur l'avortement. Genre et développement. Éclairages. N° 1.* A. Amuchástegui, E. Flores, E. Aldaz, J. Heinen et C. Verschuur. 55-90. Paris: L'Harmattan.

Parmi beaucoup d'autres exemples des assauts dont il fait l'objet, celui de l'Espagne est emblématique. Dans ce pays où certains évêques militent pour une interdiction absolue de l'interruption volontaire de grossesse (IVG), les forces de la droite chrétienne (dont l'Opus Dei) et la hiérarchie de l'Église catholique reprochaient au Premier ministre de ne pas aller assez vite pour honorer la promesse à laquelle il s'était engagé lors des élections générales de 2011. Aussi le gouvernement, ignorant à dessein le point de vue de la majorité des Espagnol-es pour qui la femme doit pouvoir décider librement[2], avait-il adopté, fin décembre 2013, un projet abolissant la loi (l'une des plus progressistes d'Europe) qui avait vu le jour en 2010, au terme de décennies de lutte[3]. Les féministes espagnoles se sont dressées massivement contre ce qu'elles ont perçu comme un déni de justice[4], appuyées en cela par d'innombrables actions de solidarité à l'échelle internationale. Après des mois de mobilisation, le premier Ministre, Mariano Rajoy, a annoncé le 23 septembre 2014 qu'il retirait le projet, porté au premier chef par le ministre de la Justice, Alberto Ruiz Gallardon[5], et celui-ci a démissionné de

2 En 2013, l'institut de sondage Metroscopia avait montré que 46 % des personnes interrogées étaient favorables au maintien de la loi de 2010, contre 41 % favorables à un régime plus strict.

3 La loi de 2010 autorise l'interruption volontaire de grossesse jusqu'à la quatorzième semaine (et jusqu'à vingt-deux semaines en cas de risque pour la santé de la mère ou de grave anomalie du fœtus).

4 Le projet du gouvernement espagnol était encore plus restrictif que la loi adoptée en 1985 sous le gouvernement de Felipe Gonzalez. Seuls auraient été prises en compte, parmi les exceptions, les cas de viol et de grave danger physique ou psychique pour la femme enceinte, et non celui de malformation du fœtus. Quant aux femmes de moins de dix-huit ans, elles auraient à nouveau dû disposer du consentement de leurs parents. Aux yeux de Luis Enrique Sanchez, responsable pour l'Espagne de la Fédération pour la planification familiale, cela aurait placé « les femmes concernées dans une situation dramatique [...] analogue à celle des années 1980, quand les Espagnoles devaient se rendre en Angleterre ou en France pour pouvoir interrompre leur grossesse lorsqu'elles en avaient les moyens financiers » – les autres devant recourir à des solutions clandestines.

5 Ce dernier proclamait *urbi et orbi* que la « réforme » de la loi sur l'avortement serait la chose la plus progressiste qu'il puisse faire dans sa vie. Il ne

toutes ses fonctions. Nul doute que le résultat des élections européennes a pesé dans la décision prise : le Partido Popular (PP) y a perdu près d'un tiers des sièges détenus jusque-là, et une majorité de barons locaux, soucieux de voir leur pouvoir s'effriter, réclamait que le projet soit mis sous le boisseau. Reste qu'il s'agit là d'une réelle victoire pour le mouvement féministe – une victoire d'autant plus sensible que, lors d'un vote à bulletin secret de février 2014, les députés avaient rejeté une motion du Parti socialiste (PSOE) réclamant le retrait immédiat du projet. On ne peut donc que se réjouir, en souhaitant que ce succès vienne conforter la détermination des femmes qui, dans d'autres pays, sont elles aussi confrontées aux coups de boutoir des forces intégristes.

Mais on ne saurait pour autant faire preuve d'un optimisme exagéré. Car les signaux donnés par diverses instances internationales ne sont pas de bon augure. Début décembre 2013, le Parlement européen a en effet rejeté le rapport sur la santé et les droits reproductifs et génésiques soumis par la Commission pour les droits de la femme et l'égalité des genres (dit « rapport Estrela »). Ce texte prônait notamment la liberté de choix d'avoir ou non des enfants et entendait faire du droit à l'avortement un droit européen. Venant après la décision de la Conférence des Nations Unies de ne pas inclure le droit à l'avortement dans la déclaration finale de Rio, en 2012, l'attitude des députés européens ne pouvait qu'apparaître lourde de sens, et les promoteurs de l'initiative « Un de nous »[6] n'ont pas manqué d'y voir un succès pour les défenseurs de l'embryon humain. Ce qui est remis en cause, à chaque fois, c'est la définition de l'avortement en tant que droit des femmes. Or la charge menée par le gouvernement espagnol au cours de

---

comprenait pas « que l'on ne protège pas l'enfant conçu, qu'on permette l'avortement parce qu'il souffre d'un handicap ou d'une malformation ». « On ne peut laisser la vie du fœtus dépendre exclusivement de l'avis de la mère » affirmait-il.

6 L'initiative citoyenne européenne « Un de nous », portée par la Fondation Lejeune, aurait recueilli près de deux millions de signatures, selon ses organisateurs. Lancée en mai 2012 et clôturée en novembre 2013, elle vise à interdire le financement, par l'UE, de la recherche sur l'embryon humain.

l'année écoulée fait écho à de multiples initiatives contre le droit à l'avortement dans d'autres pays et témoigne de l'audience croissante des thèses des courants «pro-vie», mieux nommés anti-choix.

Loin d'avoir perdu de son mordant depuis près d'un demi-siècle, le discours des forces intégristes[7] trouve au contraire un écho certain dans des milieux autrefois moins préoccupés par cette question. On en veut pour preuve le tournant engagé par les dignitaires de l'Église orthodoxe, traditionnellement plutôt tolérante sur le thème de l'avortement et de la contraception – notamment en Bulgarie, en Géorgie, en Roumanie, en Russie, en Ukraine. Autant de pays où les popes ont appuyé, dans la période récente, des projets de loi sur la protection de la vie dès la conception et où il est apparu que leurs convictions en la matière n'avaient rien à envier à celles des rangs traditionalistes. Aux yeux de ces derniers, quand bien même la vie de la mère serait menacée, il n'y a pas de raison de sauver la femme enceinte plutôt que l'enfant qu'elle porte (Fourest 2001)[8]. C'est ce que proclament, elles aussi, les églises protestantes évangélistes, et notamment pentecôtistes, dont l'influence n'a cessé de croître dans le monde, et en particulier aux États-Unis et en Amérique latine. Les alliances formelles passées à plusieurs reprises entre les divers courants religieux sur le continent américain au cours des années 2000 en disent d'ailleurs long sur la consolidation du front anti-choix, qui confère une résonance nouvelle aux exhortations de l'Église catholique[9].

7 On pense à des organisations telles que Laissez-les vivre, en France, la Society for the Protection of Unborn Children (SPUC) en Grande-Bretagne ou les diverses formations liées à la Démocratie chrétienne à l'échelle internationale.

8 Cela vaut pour la Fraternité sacerdotale de Pie X, créée par Monseigneur Lefebvre, avec ses ramifications internationales, comme pour les innombrables groupes de par le monde qui se veulent défenseurs du «droit à la vie», qui déclinent ce terme dans toutes les langues et dont les avatars (SOS Tout Petits et autres Commandos anti-IVG) sont les détracteurs les plus virulents du droit des femmes à l'avortement.

9 Le front qui s'était formé en 2007 entre les Églises catholique, anglicane et orthodoxe à l'annonce de la libéralisation de l'avortement dans la ville de

Il est à noter que les propos du pape François sur « le respect de la vie dès sa conception » s'inscrivent dans la droite ligne de ceux de ses prédécesseurs. S'exprimant à la veille de la Marche pour la vie organisée à Rome en mai 2013, il a insisté sur l'importance de « garantir une protection juridique à l'embryon, protégeant ainsi tout être humain dès le premier instant de son existence »[10]. Certes, le ton est moins violent que celui de Jean-Paul II promettant d'excommunier ceux qui « se feraient des instruments de mort » ou glosant sur le droit à la vie et « le vaste cimetière des enfants non nés » (Heinen 1979, 6). Ou celui du pape Benoît XVI menaçant d'excommunier les politiciens mexicains ou brésiliens favorables à la légalisation de l'avortement[11]. Mais sur le fond, le discours ne change pas.

Quelque quarante ans après les manifestations qui avaient conduit des dizaines de milliers de femmes du monde entier à descendre dans la rue pour défendre leur droit de choisir d'avoir ou non des enfants, tant en Europe qu'en Amérique du Sud et du Nord ou en Australie, les vues réactionnaires ne cessent de regagner du terrain. Comment les militantes de la Campagne pour le droit à l'avortement et à la contraception et contre la stérilisation forcée (CIDA ou ICASC en anglais)[12]

Mexico était, de ce point de vue, des plus parlants. Tout comme la déclaration commune des catholiques et des orthodoxes contre le droit à l'IVG aux États-Unis en 2009. Ou encore l'alliance sur le même thème entre les dignitaires des trois confessions au Chili en 2011. De son côté, la bataille liée à la réforme du système de santé aux États-Unis, et notamment au remboursement des contraceptifs, a donné une nouvelle vigueur au front unissant catholiques et protestants en 2012.

10 Il a également appelé à signer l'initiative européenne One of us, qui milite contre le financement de la recherche impliquant la destruction d'embryons humains et pour la suppression de financements européens aux ONG favorables à l'avortement.

11 Propos tenus à l'occasion de voyages au Brésil en 2007, en Afrique en 2009 et au Portugal en 2010. Le Pape François s'est par ailleurs dit convaincu que la distribution de préservatifs « augmente le problème du sida » ou encore que l'avortement et le « mariage homosexuel » constituent les « défis les plus insidieux et les plus dangereux ».

12 Créée en juin 1978, la CIDA rassemblait avant tout des femmes de pays européens, latino- et nord-américains et dénonçait l'absence totale de droits

– une coordination internationale ancêtre du Women's Global Network for Reproductive Rights (WGNRR)[13] – auraient-elles pu imaginer qu'elles devraient reformer leurs rangs pour mener le même combat si longtemps après, et que le contenu de l'appel de la CIDA de 1979 resterait d'une telle actualité[14] ? Le front réactionnaire actuel reprend en effet à son compte l'essentiel des arguments d'alors. Ceux qui, en Pologne, ont abouti à la quasi-interdiction de l'IVG au lendemain de la chute du mur (Heinen, Matuchniak-Krasuska 1992), provoquant la stupeur et la révolte dans les rangs des militant-es pro-choix du monde entier.

L'exemple emblématique de la Pologne

Pour explicable qu'elle fût au sortir de l'ère communiste, l'emprise de l'Église catholique sur le plan culturel et religieux n'a cessé, depuis lors, de surprendre les observateurs extérieurs. Les féministes en particulier ont eu du mal à admettre qu'en quelques années on soit passé de la possibilité d'avorter librement et légalement dans un hôpital public à une prohibition

dans de nombreux pays et les restrictions au droit de choisir dans la plupart de ceux qui avaient opté pour la libéralisation de l'avortement (que ce soit en raison du manque d'équipements ou des réticences des juges et des médecins à appliquer la loi). La CIDA s'opposait non seulement à la volonté de l'Église de contrôler le corps des femmes en leur déniant l'accès à la contraception et à l'avortement, mais aux prétentions d'organismes internationaux, telles l'Agence pour le développement international (AID) ou la Fédération internationale pour le Planning familial (IPPF), d'imposer un contrôle des naissances par le biais de la stérilisation forcée dans de nombreux pays d'Amérique latine et parmi les minorités ethniques d'Amérique du Nord.

13 Le WGNRR, un réseau aujourd'hui principalement basé en Afrique, a repris à son compte l'organisation régulière de journées d'action internationales des femmes sur la santé, initialement lancées par la CIDA. Il dispose d'un site alimenté par les activités des nombreux groupes. Voir http://www.wgnrr.org

14 Cet appel est reproduit dans Heinen (1979, 154-158).

quasi totale de l'IVG[15], assortie d'un embargo sur la vente (pourtant demeurée licite) des contraceptifs dans les pharmacies. C'était compter sans l'appui du corps médical – dès 1991, l'Ordre des médecins avait adopté un code éthique hostile à l'avortement – et sans le silence criant de la plupart des acteurs politiques se réclamant des partis de gauche ou du courant libéral. Il est vrai qu'en Pologne, à la différence de pays voisins, l'avortement avait gardé un caractère tabou sous le socialisme : en dépit du nombre très élevé d'IVG, la plupart avaient lieu dans des cabinets privés (et à des prix faramineux) qui assuraient l'anonymat aux femmes concernées. En conséquence, les assauts moralistes de la hiérarchie catholique rencontrèrent peu de résistances ouvertes[16]. Il lui fut donc d'autant plus aisé d'imposer son discours sur la protection de la vie, surtout lorsque les cours de catéchisme furent inclus dans le cursus scolaire officiel et que les prêtres eurent acquis le statut d'enseignants ordinaires.

En 1993, était adoptée une loi sur « le planning familial, la protection du fœtus humain et les conditions dans lesquelles l'interruption de grossesse est autorisée », dont le projet appuyé par la hiérarchie catholique avait été avancé dès 1988, sous le régime communiste. Cette loi, communément appelée « loi anti-avortement », prohibe presque totalement les IVG – les rares dérogations couvrent 5 % à peine des IVG recensées antérieurement[17]. Elle a mis fin à près de quarante ans d'une situation où l'avortement était libre et gratuit pour autant qu'il soit effectué

---

15 Selon la loi de 1993, l'IVG n'est autorisée qu'en cas de viol, de malformation du fœtus ou lorsque la vie de la mère est en danger, soit dans 5 % des cas recensés antérieurement. La femme enfreignant la loi n'encourt qu'une amende, mais le médecin, lui, risque trois ans d'incarcération.

16 Les sondages effectués durant les quatre années précédant l'adoption de la loi montraient que deux tiers des Polonais étaient hostiles à l'interdiction de l'IVG. Toutefois, hormis les petits groupes de féministes, très peu d'entre eux osaient le proclamer ouvertement.

17 La législation n'autorise l'IVG qu'en cas de viol, de malformation du fœtus ou lorsque la vie ou la santé de la mère sont danger. Les femmes enfreignant la loi n'encourent aucune peine pénale.

dans un hôpital[18]. Depuis lors, obtenir une IVG est devenu presque impossible puisque, même dans les rares cas où la loi l'autoriserait, les femmes se heurtent au refus des médecins arguant de la clause de conscience, ou aux obstacles d'ordre administratif qui les empêchent d'avorter dans les délais impartis. On en veut pour preuve que le chiffre officiel d'avortements légaux oscille entre 150 et 600 par an (CBOS 2013a). Alors que le nombre réel d'IVG (dans la clandestinité ou à l'étranger) oscillerait, lui, entre 100 000 et 200 000, selon les estimations de la Fédération pour les droits des femmes et le planning familial (Nowicka 2004; 2008). En Pologne même, la plupart des avortements clandestins sont effectués dans des cabinets privés à un prix très élevé (une à deux fois le salaire minimum) par des gynécologues qui travaillent généralement dans les hôpitaux publics – une activité qui génère un marché parallèle florissant se chiffrant à des dizaines de millions de dollars non déclarés, et donc non taxés, pour les médecins qui les pratiquent.

L'interdiction de l'IVG illustre on ne peut mieux qu'en Pologne, la conception libérale de la séparation entre sphère publique et sphère privée connaît un sort variable selon qu'on est homme ou femme. En s'opposant à la maîtrise de leur fécondité par les femmes elles-mêmes, au nom de la défense de « l'enfant conçu »[19], les pouvoirs politiques affirment leur légitimité à intervenir dans la vie privée des femmes pour satisfaire les exigences qu'ils ont eux-mêmes fixées, qu'elles soient d'ordre moral ou démographique. Cette négation des libertés de la personne témoigne du caractère sexué du concept de citoyenneté: la dynamique démocratique mettant l'accent sur l'individu-sujet et sur l'autonomie de la personne n'a pas valeur égale pour tout un chacun. L'adoption de la loi de 1993, en dépit de l'hostilité à l'endroit de ce projet manifestée par la majorité de

18 Jusqu'à la fin des années 1980, on comptait de 120 000 à 150 000 avortements par an pratiqués dans les hôpitaux, pour 400 000 à 600 000 au total en incluant ceux qui avaient lieu dans des cabinets privés pour parer à l'opprobre que suscitait une telle intervention.

19 Tel est le nom donné au fœtus dans la loi de 1993 prohibant l'avortement sur demande.

l'opinion publique à l'époque – à commencer par les intéressées – souligne qu'aux yeux des autorités, « la » femme polonaise est avant tout une mère ou une mère potentielle, dont le corps doit être soumis à l'objectif de procréation (Zielińska 1993).

Une telle optique a bien évidemment des retombées directes en matière de contraception : seules 20 % des femmes, en Pologne, ont aujourd'hui recours à des contraceptifs modernes dont le coût est prohibitif[20]. De nombreux médecins refusent de les prescrire, en invoquant la clause de conscience, cependant que les cours d'éducation sexuelle dispensés autrefois ont été remplacés par des cours d'éducation à la vie familiale qui s'appuient sur des manuels ayant l'aval de l'Église catholique et qui condamnent les rapports sexuels avant le mariage (Skłodowska 2004)[21].

L'emprise de l'Église catholique

Le rôle de l'Église catholique dans les délibérations politiques qui ont conduit à l'adoption de la loi anti-avortement s'est avéré considérable. Non seulement elle a été à l'initiative du projet de loi déposé en 1988, alors que les communistes étaient encore au pouvoir, mais elle a continué à intervenir systématiquement dans les débats depuis lors, tant auprès des élus politiques que de l'opinion publique. Son influence tient au prestige qu'elle a acquis au cours de l'histoire de ce pays occupé durant plus d'un siècle par des puissances étrangères ou considérées comme telles, et à la part qu'elle a prise dans les formes de résistance que cette occupation a suscitées – contre les envahisseurs russes, allemands ou autrichiens au XIXe siècle, puis contre les

---

20 Outre le fait que leur prescription suppose une consultation dans un cabinet privé tous les deux ou trois mois, le prix des pilules délivrées uniquement sur ordonnance représente 6 à 10 % du salaire minimum (une seule marque est remboursée partiellement, mais aucune de la 3e génération).

21 Le Concordat passé entre l'Église et l'État en 1993 stipule à l'article 12.2 : « Le contenu des cours de religion, de même que celui des manuels utilisés, seront définis par l'autorité ecclésiastique et communiqués aux autorités civiles concernées ».

« envahisseurs » communistes au lendemain de la Deuxième guerre mondiale.

À l'époque des partages, pour la très grande majorité des Polonais, être catholique exprimait une adhésion à la collectivité nationale : le stéréotype « Polonais=catholique » prit un sens étroitement nationaliste[22]. Après la Deuxième guerre mondiale, l'appui de l'Église aux formes de résistance vis-à-vis du pouvoir communiste et surtout à l'encontre de l'URSS perçue comme une puissance étrangère, contribua à renforcer encore son autorité (Michel 1988). Le soutien qu'elle manifesta au mouvement des étudiants, en 1968, et plus encore aux soulèvements ouvriers de 1970-1971 et de 1976, préfigurait les liens qui allaient se nouer en 1980 entre prêtres catholiques et militants, au moment de la création de Solidarność, premier syndicat indépendant en Europe de l'Est (Michnik 1998). Or ce mouvement, qui se targuait de représenter la quasi-totalité de la nation polonaise, reprit largement à son compte l'image de la femme-mère véhiculée par l'Église catholique. Un élément important de la « polonité » *(polskość)*, expression du nationalisme polonais, réside en effet dans le culte marial et la figure qui va de pair, celle de la *Matka-Polka* (la Mère-Polonaise).

Tout cela pèse à plus d'un titre dans les représentations actuelles sur la famille et sur le rôle des femmes dans la société (Fuszara 2005), contribuant à faire accepter à la majorité des Polonaises le rôle de mères dans lequel la doctrine catholique a tendu à les enfermer. Autant d'éléments qui rendent très difficile toute contestation ouverte des positions de la hiérarchie catholique sur l'avortement et la contraception – une dynamique encore renforcée par l'aura de la figure tutélaire du pape polonais, Jean-Paul II. Eleonora Zielińska, juriste renommée et observatrice attentive des changements en matière de droits reproductifs, souligne que s'il y a vingt ans, l'avortement était

22 Durant l'occupation du pays, de très nombreux curés manifestèrent à plus d'une reprise leur désaccord avec le Vatican qui tolérait cette dernière et ouvrirent les portes de leurs paroisses aux insurgés (sans distinction quant à leurs convictions religieuses) pour leur permettre de se réunir et de s'organiser.

acceptable pour ses étudiant, tel n'est plus le cas aujourd'hui. Aussi nous confiait-elle à l'occasion d'une enquête menée en 2008 (Heinen, Portet 2010) :

> La campagne de l'Église, qui présente une cellule fécondée comme un être humain, commence à porter ses fruits. Beaucoup d'entre eux le condamnent. L'Église a obtenu que, dans le meilleur des cas, on n'en parle pas. Cela reflète à mes yeux un véritable changement de mentalités et cela minimise les droits des femmes dans la hiérarchie des valeurs.

La position hégémonique de la hiérarchie catholique au lendemain de l'effondrement du communisme lui a permis de remporter, ces vingt dernières années, de nombreuses victoires sur des terrains aussi divers que l'inscription dans la Constitution des cours de catéchisme[23], la loi sur le « respect des valeurs chrétiennes », les restrictions administratives au divorce, et surtout la pénalisation de l'avortement. Quand bien même la Pologne est formellement un État laïc, les liens institutionnels existant entre l'État et l'Église, par le biais du Concordat signé en 1993, assurent à cette dernière un statut politique.

Silence de la gauche, prosélytisme de la droite et frilosité de l'Union Européenne (UE)

Dans un paysage politique éminemment instable, les forces de gauche pour leur part, et malgré leurs promesses, n'ont à aucun moment mené de bataille conséquente pour changer la situation, à l'exception d'une timide tentative en 1996. L'Alliance de la gauche démocratique (SLD) fit alors restaurer une clause prenant en compte les raisons sociales invoquées par la femme demandeuse d'une IVG – clause que le Tribunal constitutionnel invalida un an plus tard. C'est même sous un gouvernement de

---

[23] En septembre 2006, le nouveau Ministre de l'éducation du gouvernement Kaczyński, Roman Giertych, chef de file de la Ligue des familles polonaises (parti d'extrême droite), avait même proposé de réformer le système éducatif, l'un des volets de cette réforme consistant à faire de la religion une matière obligatoire du baccalauréat.

gauche – celui de Leszek Miller, au pouvoir de 2001 à 2005 – que fut passé le « compromis »[24] avec l'Église selon lequel cette dernière s'engageait à soutenir le referendum sur l'adhésion de la Pologne à l'UE, à condition que l'interdiction de l'avortement ne soit pas remise en cause.

Quant à elle, la victoire aux élections parlementaires, à l'automne 2005, du parti conservateur Droit et Justice (PiS) qui incarne les valeurs les plus traditionnelles de la famille et de la Pologne catholique, avec à sa tête les jumeaux Kaczyński, a donné des ailes aux courants non seulement hostiles à toute libéralisation du droit à l'avortement, mais aussi favorables à son interdiction absolue. Aussi proposèrent-ils, au nom de la défense de la nation polonaise, d'inscrire dans la Constitution la protection de la vie dès le jour de la conception. Certes, la venue au pouvoir peu après, en 2007, de la Plateforme des citoyens (PO) dirigée par le libéral Donald Tusk a contraint la droite extrême à remiser son projet de réforme de la Constitution. Mais cela n'a rien changé à la situation de fait voulant qu'il soit presque impossible pour une femme d'avorter et que le corps médical, dans son immense majorité continue à se montrer soumis aux oukazes de l'Église (du moins officiellement). Même le succès du mouvement anticlérical Palikot lors des élections législatives de 2011 et l'élection à la vice-présidence de la Diète de Wanda Nowicka, ancienne présidente de la Fédération pour les droits des femmes et le planning familial et l'une les actrices polonaises au premier rang des batailles menées depuis vingt ans sur le terrain des droits reproductifs, n'a pas infléchi le rapport de force.

Tous les efforts des groupes de femmes (en particulier la Fédération pour les droits des femmes et le planning familial) en vue de changer la loi sont restés vains. Et leurs espoirs que l'entrée de la Pologne dans l'UE change la donne ont été plus que déçus. Les experts de la Commission européenne chargés de mener les négociations en vue de l'adhésion du pays à l'UE,

24 Compromis qui n'a de tel que le nom, vu la négation quasi totale du droit à l'avortement dans les faits.

bien trop préoccupés par les quotas agricoles et le respect des normes industrielles et commerciales, n'ont à aucun moment accordé une attention sérieuse à la question de l'avortement[25]. Aussi le principe d'une exception culturelle sur ce thème a-t-il été accepté sans mal. En outre, ni les recommandations concernant l'IVG formulées à l'endroit de la Pologne dans les rapports de l'UE sur les droits humains en 2004 et 2005[26], ni les condamnations successives de la Cour européenne de justice (CEJ) de l'UE et de la Cour européenne des droits de l'homme (CEDH) du Conseil de l'Europe n'ont eu un quelconque effet[27]. Dès 2007, le gouvernement polonais a en effet été accusé par ces instances de ne pas respecter l'application de la loi polonaise (pourtant hautement restrictive). Inutile de préciser que ces charges ont laissé de marbre la hiérarchie catholique : en 2013, elle a tout simplement démis de ses fonctions un curé qui avait osé critiquer la position de l'Église sur l'avortement et la fécondation in vitro.

Il apparaît au contraire que la campagne obstinée de l'Église catholique polonaise contre l'avortement a porté ses fruits dans le microcosme politique, toutes couleurs confondues, conférant un nouvel élan à ceux qui se font fort de durcir la loi. C'est ainsi

---

[25] L'auraient-ils fait que cela n'aurait de toute façon pas eu valeur d'obligation. C'est le cas de la plupart des mesures sociales de l'UE : assorties de recommandations ou de directives, elles ressortissent des politiques dites « souples » ou « molles », contrairement aux politiques dites « dures » qui s'appuient sur des réglementations et qui ont un caractère obligatoire assorti de sanctions.

[26] Le Comité des droits humains de l'ONU avait, lui aussi, posé la question de l'avortement dans ses recommandations concernant la Pologne en 2004.

[27] La condamnation de la CEJ à propos du « cas Alicja Tysiąc » eut toutefois un certain retentissement dans les médias polonais : la plaignante, mère de trois enfants, atteinte d'une grave maladie de la rétine, s'était vue refuser le droit d'avorter dans les délais légaux malgré le risque médical avéré que représentait une grossesse dans son cas. Elle perdit en effet la vue à la suite de ce troisième accouchement, et elle perdit aussi son emploi. De leur côté, les condamnations prononcées par la CEDH en 2011 et 2012 concernent les cas d'une femme enceinte d'un fœtus atteint d'une grave malformation génétique, et d'une adolescente victime de viol (CEDH 2012).

que la Diète polonaise n'a rejeté que de quelques voix, en août 2011, un projet de loi porté par les mouvements religieux visant à interdire totalement l'IVG – non sans avoir rejeté auparavant, mais à une majorité écrasante, un projet de la gauche qui, lui, préconisait l'instauration du régime du délai, le financement de la contraception par des fonds publics et la mise en place de cours d'éducation sexuelle à l'école. Le même scénario s'est reproduit à l'automne 2012 : rejet d'un projet de loi extrêmement restrictif, mais rejet encore bien plus net d'un texte préconisant la libéralisation de la loi. Et si, en septembre 2013, une initiative citoyenne visant à interdire l'avortement en cas de malformation grave du fœtus (l'une des rares clauses autorisées par la loi de 1993) a elle aussi été rejetée, il importe de mentionner que, de leur côté, les militant-es pro-choix n'étaient pas parvenu-es à récolter un nombre suffisant de signatures pour déposer leur propre initiative citoyenne. Par-delà ces déconvenues, les détracteur-trices du droit à l'avortement sont d'ailleurs aussitôt reparti-es à l'assaut. En témoigne la proposition, faite en décembre 2013 par la Commission de codification du code pénal, que les peines encourues pour avortement ne s'appliquent désormais plus seulement aux médecins, mais également aux femmes, et que la durée d'emprisonnement prévue passe de trois à cinq ans. Quelque trois mille praticien-nes de la médecine affirmant que « la loi de Dieu prime sur celle des hommes » ont d'ailleurs signé une Déclaration de foi contre l'avortement. Lancée en mai 2014 avec l'aval de la hiérarchie catholique, cette pétition revendique le droit à l'objection de conscience pour les médecins, y compris dans les cas prévus par la loi. Un mois plus tard, le directeur d'un hôpital de Varsovie s'est vu licencié par la mairie pour avoir ouvertement refusé une IVG justifiée par la malformation du fœtus. Mais chacun sait que de telles pratiques sont courantes, quoique généralement non dites, comme le soulignent les féministes qui, dans la foulée, ont lancé une pétition appelant le ministre de la Santé à assumer ses responsabilités.

L'influence des thèses de l'Église sur le droit à la vie s'est par ailleurs fait sentir dans les inflexions de l'opinion publique, au cours de la dernière décennie. C'est vrai en particulier chez les jeunes, davantage soumis à l'endoctrinement des curés depuis que le catéchisme est devenu une discipline comptant dans les résultats scolaires. Mais c'est aussi vrai parmi leurs aîné-es dont le relatif libéralisme affiché voici vingt ans a tendu à régresser : moins de la moitié d'entre eux-elles restaient favorables au droit à l'avortement en 2007, contre près des deux tiers au moment de l'adoption de la loi (CBOS 2007 ; Nowicka 2008). Et la proportion de Polonais-es hostiles à l'avortement ne fait que croître depuis lors : 6 % de plus en 2013 qu'en 2010 (CBOS 2013b).

On peut donc se demander si Wanda Nowicka n'avait pas raison lorsque, voici dix ans, elle disait craindre que les meilleures années n'appartiennent au passé et que les normes en matière d'avortement ne se dégradent au contraire au sein de l'Union, avec l'élargissement et l'adhésion de pays comme la Pologne ou Malte (Nowicka 2004). La résolution du Conseil de l'Europe du 17 avril 2008 pour un « Accès à un avortement sans risque et légal en Europe », tout comme celle du Parlement européen du 8 mars 2011, avaient pourtant redonné espoir aux féministes polonaises. Comme il l'avait déjà fait en 2002, le Parlement réaffirmait à cette occasion que les « femmes doivent avoir le contrôle de leurs droits sexuels et reproductifs, notamment grâce à un accès aidé à la contraception et à l'avortement ». Mais ces espoirs n'ont cessé, depuis lors, d'être déçus, non seulement en Pologne, mais ailleurs.

Les reculs en Europe

À l'échelle internationale, le contexte et les rapports de force sont certes très différents dans la plupart des pays où les droits reproductifs des femmes font aujourd'hui l'objet de remises en cause multiples. Reste que, partout, la dimension politique a des traits analogues. Les mobilisations des femmes en défense de leurs droits pèsent non seulement beaucoup moins dans le paysage politique qu'au cours des années 1970, mais la crise économique offre des arguments faciles aux détracteurs de l'égalité des sexes pour présenter ces droits comme secondaires ou surseoir au débat. Affirmer que les formations politiques de gauche, dans la plupart des pays, sont des plus frileuses et élèvent fort peu souvent la voix est un euphémisme. En outre, quiconque surfe sur la toile pour trouver des informations est frappé par la propension des États autoritaires (Chine, Maroc, Turquie notamment) à faire disparaître les articles incriminant leur politique dans ce domaine.

Même en Europe, où l'on pouvait penser que la liberté, voire la gratuité, de l'accès à l'avortement constituait un acquis dans la plupart des pays, le droit de choisir est remis en cause, comme le souligne Danielle Bousquet, présidente du Haut conseil à l'égalité entre les femmes et les hommes, dans une adresse de juin 2013 au président François Hollande : « La liste est préoccupante, et n'a cessé de s'allonger ces derniers mois : Espagne, Italie, Lituanie, Macédoine, Hongrie, alors qu'en Pologne, à Malte et en Irlande[28], l'avortement est toujours illégal ». En Europe du Sud, outre le cas de l'Espagne, les choses vont se dégradant.

Dégradation en Europe du Sud

En Italie, la loi 194 de 1978 autorisant l'avortement durant quatre-vingt-dix jours n'a pas été modifiée en dépit des efforts de la droite catholique, et la Cour constitutionnelle a rejeté un recours du Tribunal de Spolète contestant sa légitimité au nom de la protection de l'embryon. Mais c'est en pratique que ce droit est remis en cause car le service public n'assure plus son rôle. En trente ans, l'objection de conscience n'a cessé de gagner du terrain. Selon l'ISTAT (Institut national des statistiques), près de 80 % des médecins y ont recours aujourd'hui – ils étaient 59 % en 2005 et 70 % en 2008. Sans compter tous ceux qui refusent de prescrire la pilule du lendemain, pourtant autorisée depuis 2010[29],

[28] C'était peu avant que la loi irlandaise ait été modifiée.

[29] En 2012, plus de la moitié des Italiennes interrogées dans un sondage ignoraient de quoi il s'agissait.

ou ceux qui posent des diagnostics prénataux si tardifs que les femmes désirant une IVG se trouvent hors délais. La situation est particulièrement catastrophique dans le sud du pays : dans le Latium, la proportion d'objecteurs dépasserait 90 %, et un seul service hospitalier est encore ouvert à Naples malgré l'obligation faite aux hôpitaux de garantir le droit à l'avortement. En outre, la pénurie de gynécologues prêts à pratiquer des IVG (lesquels sont surchargés et épuisés) se double d'une absence de formation des internes dans les hôpitaux. La LAIGA (Association libre des gynécologues favorables à l'avortement) a saisi le Conseil de l'Europe qui lui a donné raison. « Mais cela ne sert pratiquement à rien. De nombreux spécialistes ont peur de briser leur carrière. » (Dumont 2013). Quant à lui, l'avortement médicamenteux est très peu pratiqué[30]. Les femmes qui en ont les moyens avortent dans des cabinets privés à des taux prohibitifs (jusqu'à 3000€) ou se rendent à l'étranger. Les autres, et en particulier les migrantes et les très jeunes femmes, reviennent à des pratiques d'un autre temps : le nombre d'avortements clandestins, avec leur cohorte de conséquences désastreuses, est passé de 20 000 à quelque 50 000 et la vente, par des réseaux mafieux, de médicaments frelatés provoquant des hémorragies a explosé[31]. Les témoignages publiés dans la presse (notamment *La Reppublica* du 15 mai 2013) sont hélas des plus parlants sur l'horreur des situations que vivent les femmes les moins favorisées. Les opposant-es à l'avortement ont donc le vent en poupe. À l'initiative de la Ligue du Nord et sous couvert de la défense de la famille, la région du Piémont a pour projet de verser une

30 Bien que la mifégyne (RU-486) soit autorisée depuis 2010, seuls 7 % des avortements légaux sont effectués selon ce procédé. Or l'avortement médicamenteux ne contribue pas seulement à faire baisser les taux de mortalité comparativement à d'autres méthodes clandestines dans les pays où l'avortement reste interdit (Sedgh *et al.* 2012, 6). Il tend aussi à conférer davantage d'autonomie aux femmes dans la mesure où il les rend moins dépendantes du pouvoir médical (Amuchástegui 2013). Toutefois, lorsque l'accès à l'IVG est rendu plus difficile, l'achat de produits frelatés sur Internet accroît les complications et risques divers.

31 Remèdes contre les ulcères, tel le Cycotec, ou RU-486 fabriqué clandestinement et trafiqué.

allocation de 250€ pendant dix-huit mois aux femmes qui renonceraient à avorter pour des raisons économiques. Les patrouilles de volontaires qui attendent les patientes devant les services gynécologiques pour leur parler d'assassinat sont monnaie courante. Et face à une ministre de la Santé, Beatrice Lorenzin, proche des milieux pro-vie, les militant-es pro-choix ont relativement peu de chances de parvenir à se faire entendre.

En Macédoine, le Parlement dominé par le Parti conservateur a adopté, en juin 2013, une nouvelle loi modifiant celle de 1977 qui attribuait la décision à la femme et au médecin. Une série de barrières administratives compliquent désormais l'accès des femmes aux services d'avortement à partir de la dixième semaine de grossesse : obligation de faire une demande écrite, puis de notifier son consentement par écrit, entretien pré-avortement, obligation d'avoir informé le conjoint, attestation écrite d'un gynécologue – lequel sera passible de prison en cas de non-respect de ces diverses clauses. Ce vote a eu lieu en procédure d'urgence et sans que les associations de professionnel-les ou les organisations de femmes n'aient été consultées.

En Turquie, où la loi actuelle permet l'IVG jusqu'à la dixième semaine depuis quarante ans, mais où le président Tayyip Erdogan avait déclaré en 2012 que l'avortement équivalait à un meurtre, le gouvernement a finalement renoncé à entériner le projet de l'AKP, le parti au pouvoir, visant à réduire cette période à six semaines – ce qui aurait rendu l'IVG quasiment impossible. Toutefois, un nouveau projet est en préparation et la propension des medias à comparer l'avortement à un crime va de pair avec la dégradation des conditions d'accueil dans les hôpitaux dont témoignent de nombreuses femmes : refus liés à une trop longue file d'attente, mépris affiché des soignant-es, propos malveillants, conditions déplorables durant l'opération (dont l'absence d'anesthésie), etc.

Le droit à l'avortement n'est pas contesté qu'en Europe du Sud. Il l'est dans plus d'un pays d'Europe du centre, tout particulièrement sous la pression des courants religieux extrémistes. Sans parler du Liechtenstein, où l'IVG reste passible d'un an de prison avec l'approbation de la population qui s'est prononcée par référendum en 2011 et où une initiative parlementaire visant à assouplir la loi a été rejetée en 2012, les courants antichoix sont à l'offensive dans les pays voisins. En Suisse, pays où le taux d'IVG est l'un des plus bas au monde et où la décision d'interrompre une grossesse non désirée appartient à la femme durant les douze premières semaines (selon le régime du délai adopté en 2002 par une votation populaire), ils ont déposé une initiative s'inspirant de leurs homologues américains qui vise à radier l'avortement des prestations remboursées par l'assurance maladie de base. À coup de slogans racoleurs du type « L'avortement comme préservatif gratuit ? », cette initiative a fait l'objet d'une intense propagande témoignant des ressources financières dont dispose cette mouvance[32]. Et bien que cette initiative ait été rejetée lors du vote populaire de février 2014, une autre a d'ores et déjà été déposée qui vise à inscrire la protection de la vie dès la conception dans la constitution helvétique[33]. L'influence qu'exerce l'association Pro Life, née en Suisse en 1989, lui a permis de conclure avec Helsana, l'une des principales caisses d'assurance-maladie helvétiques, une convention collective offrant une réduction de primes aux femmes qui renonceraient dès le départ à se faire rembourser une IVG. Même procédé en Allemagne, où la caisse d'assurance maladie BKK IHV de Wiesbaden accorde une prime de trois cents euros pour la naissance d'un enfant aux femmes adhérant à l'association Pro Life – là encore partenaire de cette compagnie (malgré la loi allemande faisant obligation aux assurances de financer les avortements légaux et de respecter un devoir de neutralité). En Belgique, les groupes prosélytes organisent chaque année une « marche pour la vie » faisant écho aux mobilisations du même type qui scandent la vie politique aux États-Unis et aux « vigiles anti-avortement » qui reviennent chaque année au Canada. Au Royaume-Uni, ils assiègent les établissements

[32] Distribution à chaque ménage suisse d'un quatre pages grand format, illustré et en couleur.

[33] Il faut récolter 100 000 signatures pour déposer une initiative en Suisse.

publics et privés pratiquant des IVG en Angleterre, où ces pratiques étaient jusque-là limitées comparativement aux États-Unis ; alors qu'en Écosse, les sages-femmes catholiques ont obtenu, en 2013, le droit de refuser de pratiquer un avortement au même titre que les médecins ; et qu'en Irlande du Nord, les intégristes (catholiques et protestants confondus) cherchent à mettre hors la loi la première clinique privée pratiquant des IVG où le cadre légal régissant l'avortement est beaucoup plus restrictif que dans le reste du pays.

Attaques frontales en Europe de l'Est

En Europe de l'Est, bien qu'il ait régressé au cours des deux dernières décennies, le taux d'avortements reste l'un des plus élevés au monde du fait de la faible utilisation de contraceptifs efficaces et des carences persistantes dans le domaine de l'éducation sexuelle. Nombre de gouvernements des anciens pays communistes, préoccupés par la chute du taux démographique et sous prétexte d'encouragement à la natalité, se montrent sensibles aux discours les plus conservateurs sur le thème du droit à la vie. Tout comme en Pologne, et contrairement aux attentes des féministes, l'accès à l'UE est loin d'avoir entraîné une réelle amélioration des droits reproductifs dans les divers pays concernés.

En Hongrie – pays où l'accès aux contraceptifs modernes est des plus limités – le gouvernement nationaliste de Viktor Orban, avec l'appui actif du Parti populaire démocrate-chrétien (KDPN), membre de la coalition au pouvoir, a inscrit dans la Constitution adoptée en 2011 un article s'engageant à « protéger la vie du fœtus » (l'embryon y est considéré comme un être humain). Dans la foulée, il a lancé une campagne publicitaire assortie d'affiches représentant un fœtus qui déclare : « Donne-moi à l'adoption. Laisse-moi vivre ! » Pour partie financée avec des fonds de l'UE, cette croisade a suscité les protestations de la commissaire en charge des droits fondamentaux, Viviane Redding, qui a exigé que l'argent provenant de l'Europe soit remboursé. Les affiches ont dû être retirées mais, forts du signal donné, vingt-huit hôpitaux ont déclaré ne plus vouloir effectuer d'avortement. Depuis lors, la campagne *pro-life* est repartie de plus belle : les affiches incriminées sont réapparues sur les murs du pays, dans le cadre d'un programme de soutien à l'adoption financé par le ministère des Ressources humaines et visant à lutter contre le déclin démographique[34]. Le site de la campagne, qui se présente comme une source d'informations pour les futurs parents, met en fait l'accent sur les risques liés à l'avortement (syndromes post-traumatiques, saignements, infections, ablation de l'utérus). En 2012, le Comité de l'ONU pour l'abolition de la discrimination à l'égard des femmes (CEDAW) a condamné la Hongrie pour avoir introduit un délai d'attente lorsqu'une femme demande une IVG ainsi que l'obligation de participer à deux sessions visant à la dissuader de le faire[35]. Cette obligation, en contraignant les femmes à se déplacer plusieurs fois, augmente le risque d'être hors délai, surtout pour celles qui résident hors des centres urbains, ont des revenus limités ou sont victimes de violences de la part de leur conjoint. Par ailleurs, outre le recours croissant du corps médical à l'objection de conscience, l'usage de la pilule du lendemain (RU-486) fait l'objet d'attaques féroces de la part du KDNP. Tous ces obstacles poussent de plus en plus de Hongroises (pour autant qu'elles en aient les moyens financiers) à se rendre en Autriche pour avorter, creusant encore davantage les inégalités sociales quant au droit à l'avortement (HCLU 2013).

En Lituanie, où la question de l'avortement (autorisé jusqu'à la douzième semaine depuis plus d'un demi-siècle) a été mise à l'ordre du jour du *Sejm* (chambre basse) à plusieurs reprises depuis 2008, le débat a été officiellement rouvert en mai 2013. Suite au projet de loi déposé par la minorité polonaise qui s'inspire du droit polonais et prévoit une interdiction quasi totale de l'avortement, plus de la moitié des députés ont

---

[34] En l'espace de vingt-cinq ans, le nombre d'habitant-es a diminué de près de 700 000 et la Hongrie est passée en dessous de la barre symbolique des dix millions d'habitants.

[35] Ce même type de pratique a été introduit en Slovaquie et en Russie.

approuvé son renvoi en commission parlementaire. La place médiatique et politique de l'Église catholique dans ce pays n'est pas sans peser sur les débats – quand bien même plus des trois quarts des Lituaniens se prononcent pour le maintien de la loi actuelle (mais il en allait quasiment de même en Pologne, lors des sondages effectués à la veille de l'adoption de la loi de 1993).

Et comme mentionné plus haut, l'Église orthodoxe est à l'offensive dans une série des pays voisins où le thème de l'avortement ne faisait pas l'objet de débat public jusqu'à récemment. En Russie, en 2011, elle a échoué de justesse à faire approuver par la Douma un projet de loi qu'elle soutenait et qui entendait rendre l'avortement payant, autoriser l'objection de conscience des médecins, obliger les femmes mariées à obtenir une autorisation écrite de leur mari, et les mineures de leurs parents. Néanmoins, la mouvance religieuse a réussi à faire approuver par le ministère de la Santé un document émanant d'une fondation orthodoxe, Recommandations médicales pour les consultations pré-avortement. Ce dernier entend effrayer les femmes en exagérant les risques des complications post-avortement et propose de « personnaliser » l'embryon pour qu'il apparaisse comme un individu formé (par le biais d'échographies, l'écoute des battements de son cœur). S'il est vrai que le recours à l'avortement, longtemps utilisé comme substitut à la contraception (c'est encore trop souvent le cas)[36] imposait des mesures de santé publique[37], la décision prise début 2012 par le Ministère de la santé de restreindre au viol la liste des motifs sociaux autorisant l'avortement jusqu'à vingt-deux semaines en dit long sur les véritables motivations des pou-

---

[36] En 2013, seules 14 % des femmes utilisaient la pilule et 20 % la spirale – 10 % des couples continuant à ne prendre aucune contraception. Les moyens traditionnels (calendrier, coït interrompu) l'emportent largement (même dans les grandes villes).

[37] Bien qu'il ait fortement régressé depuis vingt ans, le nombre d'avortements en Russie était encore supérieur à celui des naissances en 2005 (105 pour 100) et restait de près de 50 pour 100 en 2012 – un taux plus de deux fois supérieur à celui de l'Europe de l'Ouest.

voirs publics[38]. Peu soucieux des problèmes réels que pose la répétition d'avortements dans de très mauvaises conditions, c'est avant tout aux droits des femmes qu'ils s'en prennent, appuyés en cela par les courants orthodoxes.

Ces derniers sévissent également en Roumanie où cinquante-et-un députés ont déposé en 2012 un projet de loi visant à dissuader les femmes d'avorter grâce à une procédure beaucoup plus lourde, et en Ukraine, où un projet de loi interdisant l'avortement sauf cas exceptionnels a été déposé en 2013. Même scénario en Géorgie, pays où le taux d'avortement sélectifs est particulièrement élevé (le déséquilibre du *sex ratio* y est proche de ceux observés en Chine et en Inde). Au printemps 2013, le Patriarche Ilia II est intervenu avec force dans le débat public sur les remèdes à apporter à la baisse du taux de croissance démographique. Enjoignant aux autorités d'interdire l'avortement, qualifié d'« assassinat odieux », il a appelé les femmes à donner naissance à l'enfant qu'elles ne désirent pas pour ensuite les confier à l'Église[39]. Quels que soient les problèmes réels liés aux pratiques héritées de l'époque communiste concernant le recours à l'avortement plutôt qu'à la contraception[40], il n'en reste pas moins que dans tous les pays mentionnés, la préoccupation affichée n'est pas d'abord d'améliorer les conditions de santé et d'éducation sexuelle, mais bien de restreindre le droit des femmes à décider d'elles-mêmes et de leur vie.

---

38 Jusque-là, en Russie, les avortements pour raisons sociales étaient possibles jusqu'à vingt-deux semaines pour d'autres motifs que le viol (incapacité matérielle de la mère d'élever ses enfants, emprisonnement de la mère, invalidité ou décès du père).

39 Il s'est attribué l'augmentation des naissances, relevée à partir de 2008 : selon les dignitaires de l'Église orthodoxe, celle-ci serait due à la promesse du Patriarche Ilia II de baptiser lui-même les nouveaux-nés de parents ayant déjà deux enfants ou plus.

40 Si le taux record d'avortements par femme était de 3,7 à la fin des années 1990, il n'était plus « que » de 1,6 en 2010 (contre 0,5 en France), mais restait fort préoccupant.

L'offensive de la mouvance anti-choix sur le continent américain

Le tableau n'est pas meilleur, voire encore pire dans les Amériques. Aux États-Unis, où les attaques des anti-choix sont légion depuis des décennies, plus de deux cents amendements de tous types restreignant le droit à l'IVG ont été adoptés dans une trentaine d'États – sur cinquante qu'en compte le pays – depuis 2011, qualifiée d'*annus horribilis* (Dreweke 2013 ; Gutmacher Institute 2014). Près de deux fois plus de femmes vivaient dans des États hostiles à l'avortement en 2013 qu'en 2000. Outre les tentatives de s'en prendre frontalement à l'arrêt de la Cour suprême de 1973 en définissant une personne comme un être humain « dès le moment de la fécondation », la tendance la plus récente consiste à prendre tous les chemins de traverse possibles et imaginables pour entraver ce droit de multiples façons. Les mesures adoptées reviennent à : restreindre ou supprimer les clauses autorisant une IVG tardive ; accroître les délais d'attente, une fois l'accord médical obtenu ; exiger une autorisation écrite des parents pour une mineure, ou du père de l'enfant pour une femme adulte ; durcir les exigences de statut professionnel imposées au médecin ; obliger celui-ci à procéder à une échographie, à commenter l'image intra-utérine et à faire écouter à la femme les battements de cœur du fœtus ; encourager l'objection de conscience en autorisant le médecin à ne pas informer la femme d'anomalies congénitales du fœtus ; édicter des normes d'équipement tellement complexes qu'elles obligent les cliniques à fermer leurs portes ; limiter l'accès à l'avortement médical ; supprimer ou limiter la prise en charge des frais liés à l'IVG par le programme d'assurance santé ou par le Medicaid, dans le cas des femmes pauvres.

Cette offensive tous azimuts contre l'IVG va de pair avec la suppression des subventions étatiques aux structures de planning familial, et avec l'aide à celles qui favorisent l'adoption. D'autres projets en attente prévoient des restrictions dans l'utilisation du stérilet (accusé par les ultraconservateurs d'empêcher la fécondation) ou encore l'interdiction aux universités financées par l'État de former des médecins à effectuer des IVG. L'une des implications de cette avalanche de mesures, surtout lorsque plusieurs d'entre elles interviennent simultanément, est la fermeture inéluctable de cliniques assurant des avortements. Leur nombre a diminué de façon drastique dans les États où les courants anti-avortement sont dominants : il n'en existe plus que quelques-unes (contre des dizaines précédemment) au Mississipi, au Texas, au Missouri, au Nebraska ou en Ohio. Face à cela, les quelques États où des mesures positives ont été enregistrées en matière de contraception ou qui ont résisté aux assauts des forces anti-choix pour limiter les droits reproductifs des femmes ne pèsent pas très lourd.

Ce qui frappe, par ailleurs, à la lecture des documents recensant ces innombrables amendements – dont la plupart ont l'aval des candidats républicains à l'élection présidentielle, tous fermement hostiles à l'avortement – c'est que chacun d'entre eux a été soumis quasi simultanément dans cinq, dix, ou vingt États fédéraux différents. Ils font aussi écho à des textes déposés par des courants qui défendent les mêmes idées dans d'autres pays et sur d'autres continents, par-delà leur appartenance confessionnelle. Ce qui leur confère une influence indéniable. Si les sondages montrent que la majorité des Américain-es restent favorables à l'avortement légal, le nombre de celles et ceux qui y voient une question secondaire a nettement augmenté, cependant que régressait la part de ceux-celles qui se définissent comme pro-choix. Ce constat a d'ailleurs conduit l'organisation Planned Parenthood à renoncer à se définir comme telle, en arguant qu'il s'agit d'une question trop complexe pour s'en tenir à un tel label. De son côté, tout en défendant sa politique de santé qui, depuis 2010, assure la gratuité de la contraception, le président Obama a finalement reculé devant les pressions exercées par les évêques catholiques et le mouvement pro-life, et il a accepté d'en modifier l'une des clauses[41].

[41] Les établissements privés d'obédience religieuse (hôpitaux, universités) ne seront pas obligés de rembourser ce type de frais à leurs employé-es, cette responsabilité incombant dès lors aux assurances.

En Amérique latine, le poids de l'Église catholique s'est fait sentir depuis l'époque de la colonisation, et les pentecôtistes et autres évangélistes toujours plus influents, sont, on l'a dit, tout aussi hostiles à l'avortement. Aussi ce dernier reste-t-il considéré comme un crime dans la plupart des pays du continent (l'interdit étant encore total au Chili et dans les pays d'Amérique centrale). Certaines législations ont été assouplies quelque peu au cours des dix dernières années comme en Colombie (CEPED 2007) et en Uruguay, mais les pressions exercées par l'Église catholique et les groupes anti-choix, centrées sur la reconnaissance des droits à la vie de l'enfant non né se font sentir partout, souvent avec une extrême virulence[42]. En Colombie, la Cour constitutionnelle a enjoint l'État, en 2012, de satisfaire les demandes des femmes dans les trois cas où l'avortement est dépénalisé (décret de la Cour de 2006), et le ministre de la Santé a émis une directive dans ce sens. Mais aussitôt des sénateurs pro-vie ont riposté en constituant un comité bien décidé à récolter les signatures nécessaires pour imposer un référendum populaire visant à invalider ces trois exceptions.

En Bolivie, deux ministres du gouvernement se sont prononcées pour la légalisation de l'avortement en 2013, et le président Evo Morales, tout en affirmant que celui-ci constitue un crime, a admis que le sujet méritait débat. Face à cela, l'Église catholique a lancé une consultation dans l'opinion et organisé des manifestations rassemblant des milliers de personnes dans tout le pays à l'été 2013, appuyées par diverses personnalités du MAS, le parti au pouvoir. Au Pérou, après le rapport du Comité des droits humains de l'ONU de 2013 appelant ce pays à autoriser l'avortement thérapeutique en incluant dans sa législation les cas de viol et d'inceste[43], la Conférence épiscopale a sommé le gouvernement de ne pas céder en arguant que cela ouvrirait la

[42] Un de leurs objectifs étant que les États-Unis – ce fut particulièrement sensible sous la présidence de George W. Bush – cessent d'aider financièrement les gouvernements et les ONG d'Amérique latine favorables à la pratique de l'avortement.

[43] La législation péruvienne actuelle admet comme seule exception à la pénalisation le risque pour la santé de la mère.

porte à un processus de légalisation de l'IVG. Au Salvador, pays où il n'existe aucune clause d'exception, l'Église a tout fait pour empêcher l'avortement d'une jeune femme souffrant d'un lupus qui mettait sa vie en danger et dont le fœtus était promis à une mort certaine. Il a fallu une forte pression internationale avant que les autorités n'autorisent ce qui fut nommé pudiquement une « césarienne anticipée ».

Plus généralement, et dans l'ensemble de l'Amérique latine, l'avortement est l'objet de batailles politiques féroces. En Argentine, où le Code pénal ne prévoit que deux cas d'exception à son interdiction (viol et santé de la mère), la Cour suprême, dans un arrêt de 2012, a exhorté les provinces fédérales à adopter des protocoles précisant leur application. Or non seulement elle se heurte à des résistances farouches, confortées par la position de la présidente Kirchner hostile à l'avortement, mais là où les députés se sont pliés à cette injonction, des juges ou des personnalités politiques interviennent souvent pour limiter la portée de la décision, comme le président de la ville de Buenos Aires. Dans d'autres pays, les pressions des Églises (catholique en particulier) sur les dirigeant-es politiques se font sentir de multiples manières. On voit ainsi des présidents tout-puissants qui se disent de gauche invoquer leur foi religieuse pour faire capoter toute tentative de libéralisation, tels Hugo Chavez au Venezuela ou Rafael Correa en Équateur. Celui-ci a menacé, en 2013, de démissionner de la présidence si les membres de son parti favorables à la dépénalisation ne retiraient pas le projet déposé dans ce sens – ce qui a été fait.

Ou bien ce sont des présidentes favorables à la dépénalisation, voire à la légalisation de l'avortement, qui finissent par céder devant les assauts de l'Église et renoncent à changer la loi. Ce fut le cas de Michelle Bachelet au Chili durant son premier mandat, ou de Dilma Rousseff au Brésil – pour amadouer les rangs des catholiques, elle s'était engagée, avant le deuxième tour de l'élection de 2010, à ne pas légaliser l'avortement. Dans ce pays où un accord avec le Vatican, similaire à celui qui existe en Pologne, prévoit le caractère obligatoire de l'éducation religieuse dans les écoles, les secteurs religieux ont toutefois activement fait campagne contre Rousseff pour la présidentielle de 2014, suite à l'adoption par le Congrès, en août 2013, de la loi qui étend les conditions d'accès à l'avortement en cas de viol. À ce texte appuyé par le Conseil fédéral de médecine du Brésil[44] et par de nombreux groupes de femmes – y compris catholiques – favorables à la dépénalisation, les anti-choix en opposent un autre sur le statut de l'enfant à naître. Au Chili, où les deux-tiers de la population sont favorables à la dépénalisation dans les cas d'exception (moins d'un quart, toutefois, considérant l'avortement comme un droit de la mère), la grossesse d'une enfant de onze ans, suite à un viol, a relancé le débat en 2013. Et Michelle Bachelet, réélue triomphalement en décembre 2013, s'est à nouveau engagée à légaliser l'avortement en cas de viol et à des fins thérapeutiques (et dans ces deux cas-là seulement). Si elle tient sa promesse, on pourra considérer que la cause des pro-choix a fait de tout petits pas en avant, au Chili comme au Brésil.

Toutefois, les dignitaires de l'Église ne reculent pas d'un pouce. Dans tous ces pays où le nombre d'avortements clandestins et d'adolescentes enceintes est l'un des plus élevés au monde, on ne peut qu'être frappé-e par la violence des débats dès qu'est évoquée la moindre perspective de dépénalisation. Sans compter les retours en arrière, comme au Nicaragua où les clauses d'exception ont été abolies en 2006, sous la pression des évêques catholiques. Au Mexique, également, la dépénalisation de l'avortement par l'État fédéral de Mexico, en 2008, a eu des effets à rebours : plus de la moitié des États mexicains ont adopté, dans la foulée, des lois protégeant la vie dès la conception – et ce, grâce à l'alliance passée entre le PAN (Parti action national), parti au pouvoir, et le PRI (Parti révolutionnaire institutionnel) qui, historiquement, se situait plutôt dans l'aile laïque de l'éventail politique et s'était montré parfois favorable aux

44 Le Conseil fédéral de médecine du Brésil et les vingt-sept Conseils régionaux qui représentent les 400 000 médecins du pays ont adopté en mars 2013 une résolution prônant la dépénalisation de l'avortement jusqu'à trois mois de grossesse.

droits des femmes[45]. La Cour suprême, avec l'appui ouvert du gouvernement, a refusé en 2011 de déclarer ce type de clause inconstitutionnel, confortant le processus de recriminalisation à l'œuvre ainsi que et les provocations des ultras[46] : le nombre de plaintes déposées par des médecins ou des employés des hôpitaux contre les femmes pratiquant une IVG a décuplé[47]. Dans ce pays très catholique, le marialisme incarné par le culte à la Vierge noire joue, tout comme en Pologne, un rôle majeur dans la religiosité, et le corps des femmes y est l'objet d'une intense lutte politique (Amuchástegui *et al.* 2012).

Un enjeu international

Prendre conscience de ce qui se joue à l'échelle internationale importe d'autant plus que la crise économique actuelle fragilise les acquis là où ils existent. Pour preuve, les obstacles matériels opposés à l'avortement dans divers pays où la loi n'est pas frontalement remise en cause par les principales forces politiques, mais qui ont pour effet de vider de son sens la notion de « libre choix » – en particulier pour les femmes les moins aisées qui ne peuvent se permettre de se rendre à l'étranger lorsqu'elles n'ont pu obtenir une IVG dans les délais impartis. Cela vaut notamment pour la France.

Certes, le gouvernement de François Hollande a pris des mesures pour améliorer la situation concernant le droit de choisir : remboursement à 100 % des IVG à partir de 2013 ; création

---

[45] Le PAN fut créé en 1939 par des intellectuels et des militants catholiques pour s'opposer à la domination du PRI, lequel gouverna le pays durant soixante-et-onze ans.

[46] Au Nouveau Mexique, où le parlement est à majorité démocrate, une parlementaire de droite a soumis en 2013 un projet de loi selon lequel une femme décidant d'avorter après avoir été victime d'un viol pourrait se voir accuser d'avoir eu « l'intention de détruire la preuve du crime » et être passible de prison…

[47] De 62 plaintes déposées entre 1992 et 2007, ce chiffre est passé à 679 entre 2009 et 2011 ; plus de 150 poursuites pénales ont été engagées et 41 personnes emprisonnées.

d'un site officiel destiné à informer les femmes sur le droit à l'avortement et à contrer l'influence des sites anti-choix ; saisine du Haut Conseil à l'égalité entre les femmes et les hommes pour que ce dernier produise un rapport sur l'accès à l'IVG[48]. Et en janvier 2014, l'Assemblée nationale a supprimé la notion de « détresse » inscrite dans la loi depuis 1975, laquelle conditionnait l'accès à l'IVG et elle a rejeté l'amendement visant à dérembourser l'acte. Par là-même, la majorité a conforté le droit des femmes à disposer librement de leur corps[49]. Toutefois, les fermetures de centres maternels et d'IVG se sont succédé ces dernières années – cent-cinquante à cent-soixante-dix ont disparu en dix ans – malgré les protestations réitérées des groupes féministes et du Mouvement français du planning familial (MFPF) ; les subventions destinées à assurer une information en matière d'éducation sexuelle ont drastiquement régressé ; certains moyens contraceptifs ne sont pas remboursés. Or on ne saurait minimiser les conséquences durables des coupes sombres opérées dans le budget de la santé sur la possibilité, *dans les faits*, d'obtenir un avortement dans les délais impartis par la loi – surtout lorsque cela s'accompagne d'une pénurie croissante de gynécologues et de personnel médical formé à la pratique des avortements médicamenteux. Il s'agit là d'un schéma que connaissent bien d'autres pays en cette période de dépression financière et de récession

À ce titre, et compte tenu des exemples évoqués ci-dessus, l'exigence formulée à l'époque de voir adopter des lois qui ne se contentent pas de dépénaliser l'avortement, mais qui reconnaissent le droit des femmes de choisir, qui refusent le principe

---

48 Le premier tome, paru en septembre 2013, met en évidence l'efficacité des sites anti-IVG, comparativement aux sites institutionnels.

49 À noter toutefois que les quinze députés de l'UMP appartenant à l'Alliance parlementaire pour la famille qui avaient voté contre cette suppression ont reçu l'appui de leurs collègues sénateurs. En juillet 2014, quatre-vingt-douze d'entre eux ont saisi le Conseil constitutionnel, en vue de remettre en cause la nouvelle formulation. Ce dernier leur a donné tort, et ils ont perdu leur recours. Mais cela montre qu'en France comme ailleurs, les anti-avortement ne désarment pas.

de la clause de conscience dont abusent députés et médecins, et qui soient assorties des moyens concrets permettant que ce droit soit mis en œuvre – cette exigence conserve toute son actualité. « Nulle part, l'avortement n'est considéré comme un droit » (Heinen 1979, 150) disions-nous à l'époque des grandes mobilisations des années 1970 en soulignant que, dans la quasi-totalité des pays occidentaux, les partis de gauche comme de droite n'avaient cessé de louvoyer sur cette question. Cette observation demeure hélas des plus actuelles, comme le souligne l'avocate Giovanna Marsico à propos de l'Italie : « Pouvons-nous nous contenter d'une loi qui existe mais qui n'a pas le droit ni les moyens d'agir ? » Certes, les assauts répétés contre le droit à l'avortement émanent des forces politiques de droite, voire d'extrême droite. Mais comment expliquer les reculs observés dans certains pays et l'absence de réformes ailleurs, si ce n'est par les concessions et les atermoiements des forces de gauche ?

Dans ce tableau des plus sombres, les rares progrès observés sont souvent fort timides, voire controversés. En Irlande, où l'emprise de l'Église catholique est moindre qu'il y a vingt ans, on relève il est vrai une certaine ouverture de l'opinion publique et même du corps médical vis-à-vis de l'avortement. Après que la Cour européenne des droits humains eut fait justice à la plainte déposée par une Irlandaise atteinte d'un cancer, qui n'avait pu trouver dans son pays de médecin acceptant de procéder à une IVG, le gouvernement irlandais, mis sous pression, envisageait de revoir l'une des lois les plus strictes d'Europe. Le décès par septicémie, fin 2012, d'une jeune femme victime d'une fausse-couche, mais à qui les médecins refusaient un avortement médical tant que le fœtus aurait un pouls, a précipité les choses. Bien que certains évêques aient menacé d'excommunier les parlementaires qui soutiendraient un projet de loi autorisant l'avortement dans des cas exceptionnels, la législation a finalement été modifiée en juillet 2013. Néanmoins, seul est considéré le risque de grave danger physique ou mental pour la mère – l'avis unanime de trois médecins étant requis dans le second cas. Les motifs de viol, d'inceste ou les fœtus atteints de graves malformations ou non viables ne sont pas pris en compte. Aussi le cas d'une jeune femme violée, à qui la justice a refusé le droit d'avorter en août 2014, a-t-il ravivé le débat sur le caractère rétrograde de la loi. Les Irlandaises continuent donc à se rendre en Angleterre pour pouvoir avorter. Au Luxembourg, où l'ombre tutélaire de l'Église reste très forte et où l'archevêque n'a pas hésité à donner de la voix à la veille des débats parlementaires, la loi de 1978 (l'une des plus rétrogrades d'Europe) a enfin été réformée en 2012. Toutefois, l'IVG reste passible du Code pénal avant douze semaines de grossesse si les conditions légales ne sont pas strictement respectées – dont une double consultation avant l'avortement, pratiqué exclusivement par un médecin. En dépit des protestations du Planning familial, soutenu par le Conseil d'État, ce sont les députés du Parti populaire chrétien qui ont eu gain de cause pour l'essentiel.

L'Uruguay a lui aussi dépénalisé l'avortement sous des conditions restrictives. Nettement moins libérale que celle votée par les députés en 2008 qui prévoyait l'IVG libre sur demande – mais le Président d'alors s'était refusé à la promulguer pour « raisons éthiques » –, la loi adoptée en 2012 implique trois consultations médicales, dont une devant trois professionnels, et une attente de cinq jours avant confirmation de la demande. Une procédure rendue quasi impossible dans certaines régions du pays, compte tenu des carences du système de santé (manque de professionnels, voire de centres de soins). Et surtout, le pouvoir ainsi conféré aux médecins laisse un goût amer aux militantes qui se battaient depuis vingt-cinq ans pour avoir le droit de choisir. Toutefois, l'échec, en juin 2013, du referendum initié par la droite catholique conforte les groupes féministes décidés à utiliser tous les moyens à leur disposition pour rendre les femmes autonomes.

Conclusion

Car – il faut le souligner – dans l'ensemble des pays considérés, les féministes sont loin de baisser les bras. C'est ce qu'ont montré une série d'initiatives récentes, principalement en Europe, en

Amérique du Nord et en Amérique latine – autant de régions du monde où la libéralisation de l'avortement résulte largement de leurs mobilisations antérieures. Rassemblements pour le droit de choisir ou contre-manifestations répondant aux marches des forces anti-choix, *lobbying* auprès des élus, obstruction parlementaire de députées, occupation des instances de décision, interventions dans les débats des organismes internationaux, piquets devant des centres d'IVG menacés de fermeture, cliniques mobiles d'avortement fonctionnant dans les eaux internationales, permanences téléphoniques pour donner des informations sur le recours à l'avortement médicamenteux : que ce soit en Belgique, au Brésil, au Chili, en Espagne, en France, en Italie, en Pologne, en Uruguay, aux États-Unis, en Suisse ou ailleurs, les formes d'action sont multiples et attestent que les femmes ont retenu des leçons des modes de résistance développés à l'échelle internationale au cours du temps. Toutes ont appris à se servir de la toile et des réseaux sociaux pour mener la bataille. Beaucoup renouent avec l'élan de solidarité transcontinental qui avait animé les mobilisations internationales des années 1970, convaincues que la connaissance de ce qui se passe ailleurs, des formes que revêt l'oppression des femmes dans d'autres pays sont autant d'atouts pour faire front aux détracteurs du droit de choisir. Leurs actions donnent de l'énergie à celles qui sont confrontées à des lois encore totalement rétrogrades et qui prennent des initiatives pour changer la situation, comme au Maroc, au Pérou ou dans divers pays d'Amérique centrale.

Ceci étant, la bataille est loin d'être gagnée : les pages qui précèdent le montrent bien. On ne saurait sous-estimer les ressources et la pugnacité des courants de pensée arcboutés sur des valeurs présentées comme éternelles[50]. Or, on a pu vérifier en quarante ans combien les imaginaires sont lents à changer et combien les champions de la démocratie hésitent à considérer

---

[50] Les ressources financières dont elles disposent ne sont pas un moindre aspect car elles leur permettent de mener des campagnes publicitaires d'envergure dont les mouvements pro-choix ont bien rarement les moyens.

l'avortement comme une valeur méritant une défense intangible. Le principe de l'autodétermination des femmes qui, seul, leur permet de décider librement si elles veulent, oui ou non, mettre un terme à une grossesse, s'avère en effet l'un des plus difficiles à faire admettre[51]. Et même là où les lois les plus progressistes ont été adoptées, elles peuvent s'avérer des plus fragiles et vite remises en cause dès lors qu'elles ne reposent pas sur un tel postulat.

Références bibliographiques

Amuchástegui, A. 2013. Body and embodiment in the experience of abortion for Mexican women : the sexual body, the fertile body and the body of abortion. *Gender, Sexuality & Feminism*. 1(1). Accessible en ligne sur http://quod.lib.umich.edu/g/gsf/12220332.0001.101?rgn=main;view=fulltext

Amuchástegui, A., G. Cruz, E. Aldaz et M. C. Mejía. 2012. Sexualité et autonomie des femmes au Mexique : l'État laïque en question. *Cahiers du Genre. Hors série* : 161-182.

CBOS. 2007. Opinie o arborcji, CBOS, komunikat z badań, październik 2007. Accessible en ligne sur http ://www.federa.org.pl/dokumenty/EDSEKS_08.2007_CBOS.pdf

—. 2013a. Doświadczenia aborcyjne Polek. Warszawa : CBOS.

—. 2013b. Attitude to ethical norms and different lifestyles. Warszawa : CBOS.

CEDH (Convention européenne des droits de l'homme). 2012. Droits en matière de procréation. Fiche thématique, Unité de la presse.

CEPED (Centre population et développement). 2007. L'avortement en Amérique latine et dans la Caraïbe. Une revue de la littérature des années 1990 à 2005. http://www.ceped.org/

[51] Des questions dites « de société » comme le mariage gay ou la dépénalisation du cannabis connaissent des évolutions plus rapides dans une série de pays, y compris ceux où le refus du droit à l'avortement s'avère particulièrement tenace.

cdrom/avortement_ameriquelatine_2007/fr/infos/introduction.html

Dreweke, J. 2013. New wave of laws seeks to shut down abortion providers. Accessible en ligne sur http://www.guttmacher.org/media/nr/2013/06/27/index.html

Dumont, A. F. 2013. Les médecins ne pratiquent plus l'IVG en Italie, la hausse des avortements clandestins inquiète. *Le Quotidien du médecin*, 31 mai. Accessible en ligne sur http ://www.lequotidiendumedecin.fr/actualite/international/les-medecins-ne-pratiquent-plus-l-ivg-en-italie-la-hausse-des-avortements-cl

Fourest, C. 2001. *Foi contre choix. La droite religieuse et le mouvement « prolife » aux États-Unis*. Villeurbanne : Golias.

Fuszara, M. 2005. Between Feminism and the Catholic Church : The Women's Movement in Poland. *Czech Sociological Review*. N° 5 : 1057-1075.

Gutmacher Institute. 2014. More State Abortion Restrictions Were Enacted in 2011-2013 than in the Entire Previous Decade. Accessible en ligne sur http://www.guttmacher.org/media/inthenews/2014/01/02/index.html

HCLU (Hungarian Civil Liberties Union). 2013. The Silent Growth of Restrictions on Abortion. Accessible en ligne sur http://tasz.hu/en/patients-rights/silent-growth-restrictions-abortion

Heinen, J. (Dir.). 1979. *Le droit de choisir. Avortement-contraception : lutte internationale des femmes*. Paris : La Brèche.

—. 2009. L'offensive catholique contre l'avortement : le cas polonais. La matière et l'esprit. N° 10-11 : 61-82

—. 2014 / Onslaughts on the right to choose. A transcontinental panorama. AG AboutGender, Rivista internazionale di studi. 3(5). Accessible en ligne sur http ://www.aboutgender.unige.it/ojs/index.php/generis/article/view/162

Heinen, J. et A. Matuchniak-Krasuska. 1992. *L'avortement en Pologne. La croix et la bannière*. Paris : L'Harmattan.

Heinen, J. et S. Portet. 2010. Reproductive Rights in Poland : when politicians fear the wrath of the Church. *Third World Quarterly*. 31(6) : 1007-21.

Michel, P. 1988. *La société retrouvée. Politique et religion dans l'Europe soviétisée.* Paris : Fayard.
Michnik, A. 1998. *L'Église, la gauche et le dialogue polonais.* Paris : Seuil.
—. 1998. *Kościół, lewica, dialog.* Warszawa : Swiat Kziazki.
Nowicka, W. 2004. L'avortement en Pologne : une loi contraire au bon sens. *Transitions.* 44(1) : 145-152.
—. 2008. The Anti-Abortion Act in Poland. The legal land actual state. In *Reproductive rights in Poland. The effects of the anti-abortion law. Report 2008.* Varsovie : Federation for Women and Family Planning.
Sedgh, G. Susheela Singh, I. H Shah, E. Åhman, S. K. Henshaw, A. Bankole. 2012. Induced abortion : incidence and trends worldwide from 1995 to 2008. *The Lancet.* 379(9816) : 625-632.
Skłodowska, M. 2004. Représentation des femmes dans les manuels scolaires polonais de formation à la vie en famille (1999-2004). *Transitions.* 44(1) : 131-144. Accessible en ligne sur http://dev.ulb.ac.be/cevipol/dossiers_fichiers/sklodowska010.pdf
Zielińska, E. 1993. Recent trends in abortion legislation in Eastern Europe, with particular reference to Poland. *Criminal Law Forum.* 4(1).
—. 2008. Review of Polish legal regulations on reproductive rights. In *Reproductive rights in Poland. The effects of the anti-abortion law. Report 2008.* 9-16. Varsovie : Federation for Women and Family Planning.

Religion

aux éditions L'Harmattan

Dernières parutions

PENSER LA LAÏCITÉ DANS LES PAYS ARABES
De la Renaissance arabe à nos jours
Benzenine Belkacem
L'élaboration de l'idée de laïcité est une démarche pour dépasser l'Histoire et s'ouvrir à l'époque présente. Telle est la conception des penseurs arabes libéraux du principe de la séparation entre le politique et le religieux. En posant la question de la laïcité à partir d'une réflexion philosophique et non religieuse, les penseurs arabes ont voulu sortir de la clôture qu'impose la pensée classique.
(Coll. Penser le temps présent, 35.00 euros, 340 p.)
ISBN : 978-2-343-00990-2, ISBN EBOOK : 978-2-336-36640-1

DE VERITAE
Essai sur les langages de la foi
De Borchgrave Rodolphe
Quelle est la signification de «vérité» ? Comment ce concept est-il entré dans le langage chrétien sur Dieu et les choses divines ? Cet usage est-il encore légitime aujourd'hui ? Une première partie est consacrée à la généalogie de la «vérité» et de son usage dans le langage chrétien, aux causes et au développement de la crise ainsi qu'aux réactions souvent malhabiles de l'institution. Une seconde partie analyse les caractéristiques linguistiques et s'interroge sur la possibilité d'y conserver une référence à la «vérité».
(Coll. Religions et Spiritualité, 18.00 euros, 180 p.)
ISBN : 978-2-343-04903-8, ISBN EBOOK : 978-2-336-36507-7

POUR VIVRE SON COUPLE DANS LA FOI
Beitia Philippe
Cet ouvrage propose de guider les couples chrétiens qui veulent vivre leur mariage dans la foi en abordant le thème du mariage comme sacrement, de la sexualité, du pardon, du dialogue. Pour cela, il est proposé une lecture des grandes lignes de l'enseignement du Père Caffarel, fondateur du mouvement de spiritualité conjugale que sont les Équipes Notre-Dame, complétée de témoignages d'équipiers.
(Coll. Religions et Spiritualité, 11.50 euros, 96 p.)
ISBN : 978-2-343-05398-1, ISBN EBOOK : 978-2-336-36738-5

JÉSUS ET LA MALADIE DANS L'ÉVANGILE DE JEAN
Ahiwa Jacques Assanvo - Préface de Michèle Morgen
L'évangile de Jean a une manière particulière de mettre en relief les maladies auxquelles Jésus se trouve confronté. Loin d'en faire une approche doloriste, le rédacteur essaie de montrer comment ces maladies peuvent être l'occasion pour l'oeuvre de Dieu de se manifester. Cette étude tente, à partir du rapport de Jésus à la maladie, de suivre les chemins tracés dans le récit par le narrateur, pour mener le lecteur à la découverte du message théologique qu'il veut lui communiquer.
(Coll. Religions et Spiritualité, 38.50 euros, 392 p.)
ISBN : 978-2-343-03804-9, ISBN EBOOK : 978-2-336-36602-9

RÉFLEXIONS SUR L'ÉGLISE CATHOLIQUE EN AFRIQUE
Djereke Jean-Claude - Préface de Kä Mana
«La force de la voix qui crie dans ce livre, c'est de considérer la nation ivoirienne, la société africaine et l'Église de Dieu, qui est en Afrique, du point de vue de la vérité de l'Évangile afin de parler comme devrait parler de nos jours tout vrai prophète : directement, fortement, rageusement, sans concession, mais toujours dans le but de montrer ce qui compte vraiment dans la vie». Kä mana
(Coll. Afrique liberté, 20.00 euros, 202 p.)
ISBN : 978-2-343-04580-1, ISBN EBOOK : 978-2-336-36619-7

FONCTIONS ET DÉFIS DU PASTEUR DANS L'AFRIQUE CONTEMPORAINE
Zacka Jimi P.
Le ministère pastoral connaît de profondes crises aujourd'hui en Afrique. L'auteur tente d'identifier les défis, d'élucider les fonctions pastorales et de clarifier les multiples tâches assignées au pasteur à travers l'analyse des textes bibliques. Le but de cet ouvrage est de proposer un parcours biblique qui permette d'entrevoir quelle figure du pasteur le Nouveau Testament met en scène sur la manière d'exercer le ministère pastoral.
(Coll. Études africaines, série Religion, 17.50 euros, 180 p.)
ISBN : 978-2-343-04663-1, ISBN EBOOK : 978-2-336-36813-9

DÉCONSTRUCTION D'UNE IMAGE DE JÉSUS : L'HISTORICITÉ ET LA NATURE
Réflexion à l'horizon d'une confrontation Orient-Occident sur fond de postmodernité
Han Hyung-Mo
Au départ de cet ouvrage est diagnostiquée une crise d'identité du christianisme coréen. Pour prendre la mesure de cette crise, une étude plus large des sociétés et des cultures s'avère nécessaire. L'auteur poursuit avec une prise de distance à l'égard des propositions chrétiennes classiques en confrontant les théologies de Christian Duquoc et Pierre Gisel. L'auteur ouvre alors sur une confrontation entre Occident et Orient autour de la question de la nature et du rapport de l'homme au monde, avec l'évocation de deux penseurs néoconfucianistes, Thomé H. Fang et Weiming Tu.
(Coll. Religions et Spiritualité, 32.00 euros, 424 p.)
ISBN : 978-2-343-05150-5, ISBN EBOOK : 978-2-336-36827-6

BIBLE (LA), VATICAN II ET L'AFRIQUE
De l'exégèse à une théologie du développement
Machia Machia Alain - Préface de Paulin Poucouta
Plusieurs tentatives de définition de la notion de développement l'ont souvent restreinte à la croissance économique. L'idée d'un développement intégral de l'Afrique est indissociable de l'effort de valorisation et de promotion de ce qui définit l'homme dans sa triple relation à Dieu, au monde et aux autres. La Bible inspire des paradigmes éthiques, écologiques et socioéconomiques non négligeables pour tout épanouissement transgénérationnel de l'homme.
(Coll. Harmattan Cameroun, 13.50 euros, 124 p.)
ISBN : 978-2-343-05313-4, ISBN EBOOK : 978-2-336-36607-4

HENRI REYMOND (1737-1820)
Évêque constitutionnel de l'Isère (1793-1802)
Évêque concordataire
de Dijon (1802-1820)
Rey Albert - Avec la collaboration de Jacques Rogé et Gilles-Marie Moreau
Préface de Mgr Guy de Kerimel ; postface de Mgr Roland Minnerath
Henri Reymond a traversé la période agitée de l'Ancien Régime à la Restauration en passant par l'Empire. Dauphinois né à Vienne, ardent défenseur du bas-clergé, il présente en 1789 un programme de réforme de l'Église. Élu évêque de l'Isère en 1792, il s'efforce de faire revivre une Église à bout de souffle. En 1801, à la suite du Concordat, il démissionne. Nommé évêque de Dijon en 1802, il s'attelle à la reconstruction du diocèse avec un grand souci des pauvres. Il meurt à Dijon en 1820.
(Coll. Religions et Spiritualité, 24.50 euros, 246 p.)
ISBN : 978-2-343-05088-1, ISBN EBOOK : 978-2-336-36428-5

INCOMPARABLES
Les mots d'amour des saints
Lelord Gilbert
Ce livre est un troisième ouvrage consacré aux saints et à l'amour et destiné aux jeunes. Sans prétendre décrire la sainteté, il n'est pas inutile de citer les saints en exemple. L'auteur présente la vie et la parole de douze saints : François d'Assise, Angèle de Foligno, Catherine de Sienne, Jeanne d'Arc, Thérèse d'Avila, Jean de la Croix, François de Sales, Vincent de Paul, Jean-Marie Vianney, Charles de Foucauld, Thérèse de Lisieux et Maximilien Kolbe.
(17.00 euros, 184 p.)
ISBN : 978-2-343-04129-2, ISBN EBOOK : 978-2-336-36282-3

CONCEPT (LE) D'INCULTURATION
Problématique d'un néologisme théologique
Bayili Blaise
Depuis les origines à nos jours, l'implantation de l'Église parmi les peuples s'est toujours traduite par une évangélisation des cultures, qui présuppose l'inculturation de l'Évangile. Mais si la réalité de l'inculturation de l'Évangile est une donnée concrète, le terme «d'inculturation» est, lui, un néologisme strictement théologique : d'où vient ce terme ? A-t-il un rapport avec d'autres

concepts relatifs à la culture ? Qui s'inculture ? Est-ce l'Église, l'Évangile, la culture en présence ?
(Coll. Afrique théologique & spirituelle, 19.00 euros, 200 p.)
ISBN : 978-2-343-05137-6, ISBN EBOOK : 978-2-336-36454-4

SAINT (LE) CORAN
La lumière divine
Contexte et commentaire par Hadja Oumou Bérété
Cet ouvrage présente le contexte de la prophétie monothéiste et les commentaires des sourates du Saint Coran. Les données du présent document sont fournies à titre indicatif, afin d'amener le lecteur à se référer constamment au Saint Coran pour identifier, s'approprier et appliquer, en toute connaissance de cause, les modalités d'acquisition des bienfaits divins, ici-bas et dans la vie future.
(Coll. Harmattan Guinée, 18.00 euros, 182 p.)
ISBN : 978-2-343-03389-1, ISBN EBOOK : 978-2-336-36438-4

JEÛNE (LE) DU RAMÂDAN
Fofana Mory
Le mois de Ramâdan est un moment historique. En effet, c'est pendant ce mois que le Coran a été révélé, au cours d'une nuit appelée Nuit du destin au prophète Mouhammad. L'auteur parle de l'importance de ce mois et montre que le Ramâdan unit les musulmans. Le jeûne pendant le mois de Ramâdan est un pilier de l'islam.
(Coll. Harmattan Guinée, 16.50 euros, 160 p.)
ISBN : 978-2-343-03390-7, ISBN EBOOK : 978-2-336-36396-7

DÉVELOPPEMENT INTÉGRAL ET PASTORALE POUR LA LIBÉRATION DE L'HOMME AFRICAIN
Anzian Pierre
La question du développement est-elle uniquement d'ordre économique ? Si non, quel est alors le principe herméneutique sur lequel l'Afrique doit s'appuyer pour lancer son développement ? L'auteur de cet ouvrage, philosophe et théologien, propose une pratique pastorale en vue de la libération de l'homme noir. Pour lui, le développement de l'homme trouve son fondement dans la personne de Jésus Christ.
(Coll. Croire et savoir en Afrique, 21.00 euros, 200 p.)
ISBN : 978-2-296-99898-8, ISBN EBOOK : 978-2-336-36347-9

SAGESSE ET PROPHÉTIE DANS L'HISTOIRE D'ISRAËL
Le sapientio-prophétisme
Wappou Daniel
Sagesse et prophétie dans l'histoire d'Israël est le résultat des recherches dans le domaine des rapports existant entre les sages et les prophètes. Il y est question de relever le rôle fondamental que la classe des sages a joué pour la pérennisation de la tradition prophétique après les prophètes.
(Coll. Harmattan Cameroun, 14.50 euros, 138 p.)
ISBN : 978-2-343-04818-5, ISBN EBOOK : 978-2-336-36412-4

L'HARMATTAN ITALIA
Via Degli Artisti 15; 10124 Torino

L'HARMATTAN HONGRIE
Könyvesbolt ; Kossuth L. u. 14-16
1053 Budapest

L'HARMATTAN KINSHASA
185, avenue Nyangwe
Commune de Lingwala
Kinshasa, R.D. Congo
(00243) 998697603 ou (00243) 999229662

L'HARMATTAN CONGO
67, av. E. P. Lumumba
Bât. – Congo Pharmacie (Bib. Nat.)
BP2874 Brazzaville
harmattan.congo@yahoo.fr

L'HARMATTAN GUINÉE
Almamya Rue KA 028, en face
du restaurant Le Cèdre
OKB agency BP 3470 Conakry
(00224) 657 20 85 08 / 664 28 91 96
harmattanguinee@yahoo.fr

L'HARMATTAN MALI
Rue 73, Porte 536, Niamakoro,
Cité Unicef, Bamako
Tél. 00 (223) 20205724 / +(223) 76378082
poudiougopaul@yahoo.fr
pp.harmattan@gmail.com

L'HARMATTAN CAMEROUN
BP 11486
Face à la SNI, immeuble Don Bosco
Yaoundé
(00237) 99 76 61 66
harmattancam@yahoo.fr

L'HARMATTAN CÔTE D'IVOIRE
Résidence Karl / cité des arts
Abidjan-Cocody 03 BP 1588 Abidjan 03
(00225) 05 77 87 31
etien_nda@yahoo.fr

L'HARMATTAN BURKINA
Penou Achille Some
Ouagadougou
(+226) 70 26 88 27

L'HARMATTAN SÉNÉGAL
10 VDN en face Mermoz, après le pont de Fann
BP 45034 Dakar Fann
33 825 98 58 / 33 860 9858
senharmattan@gmail.com / senlibraire@gmail.com
www.harmattansenegal.com

L'HARMATTAN BÉNIN
ISOR-BENIN
01 BP 359 COTONOU-RP
Quartier Gbèdjromèdé,
Rue Agbélenco, Lot 1247 I
Tél : 00 229 21 32 53 79
christian_dablaka123@yahoo.fr

Achevé d'imprimer par Corlet Numérique - 14110 Condé-sur-Noireau
N° d'Imprimeur : 123291 - Dépôt légal : novembre 2015 - *Imprimé en France*